Franz Clemens Brentano

Über die Zukunft der Philosophie

Franz Clemens Brentano

Über die Zukunft der Philosophie

ISBN/EAN: 9783744629560

Hergestellt in Europa, USA, Kanada, Australien, Japan

Cover: Foto ©ninafisch / pixelio.de

Weitere Bücher finden Sie auf **www.hansebooks.com**

Ueber die
Zukunft der Philosophie.

Ueber die Zukunft der Philosophie.

Mit apologetisch-kritischer Berücksichtigung
der
Inaugurationsrede von Adolf Exner „Ueber politische Bildung"
als Rector der Wiener Universität.

Von

Franz Brentano.

Wien.
Alfred Hölder,
k. u. k. Hof- und Universitäts-Buchhändler,
1893.

Meinen

philosophischen jungen Freunden
von Würzburg her und Wien

herzlich zugeeignet.

Vorwort.

Der Vortrag sucht zu zeigen, wie unbegründet die Meinung Derjenigen ist, welche heutzutage an der Zukunft der Philosophie verzweifeln und insbesondere ihr die Möglichkeit absprechen, naturwissenschaftliche Forschungsweise mit Erfolg auf ein Geistesgebiet zu übertragen. In beiden Beziehungen wendet er sich polemisch gegen die Ausführungen von Adolf Exner in seiner Inaugurationsrede als Rector unserer Universität (am 22. October 1891).

Solche Kritik einer Rectoratsrede mag ungewöhnlich sein, ungebührlich aber wird sie Niemand nennen, der beachtet, wie der Redner selbst nachdrücklich zu ihr aufgefordert hat. „Der Kritik," sagt er S. 22, „sollen alle Thore offen stehen." Immerhin ziehe ich vor, erst jetzt, nach Ablauf des Studienjahres, die schon im Winter[1] gehaltene Vorlesung im Drucke zu veröffentlichen.

Ich habe sie mit einigen Anmerkungen versehen, von denen die dringlichste mich dagegen verwahrt, gewisse Erscheinungen, die ich wie Exner beklage und verdamme, in Schutz nehmen zu wollen. Andere enthalten die kurze Begründung einzelner im Text ausgesprochener Behauptungen. Ich weiß wohl, daß manche von ihnen nichtsdestoweniger gar Vielen paradox erscheinen werden; aber auch

[1] am 22. März 1892 in der Philosophischen Gesellschaft in Wien.

darin sehe ich mich mit Exner einig, daß man bei wichtigen Fragen voll und offen seine Ueberzeugung bekennen soll, auch wenn man mit ihr zunächst nicht auf den Beifall der Mehrheit wird rechnen dürfen.

Das Manuscript war dem Buchhändler bereits übergeben, als mir die dritte Auflage der Rede zu Gesichte kam, und ich fand in ihr (S. 34) eine Bemerkung eingefügt, von der ich annehmen darf, daß sie durch meine Kritik veranlaßt worden sei. Sie sagt mir, daß ich irrte, wenn ich die Worte des Redners „Das ist dahin" (S. 54 der ersten Auflage) nach ihrem sensus obvius deutete. In der That konnte ich hier nicht wohl ahnen, welche Auferstehung Exner für die Philosophie in einer fernen Zukunft erhoffte.

Doch was sage ich! für die Philosophie? nicht doch! für etwas ganz Anderes, dem weder Psychologie, Erkenntnißtheorie und Metaphysik, noch Aesthetik, Logik, Ethik u. s. f. entsprechen würden, und was nur, an der wirklichen Philosophie irr geworden, Exner mit ihrem hohen Namen zu bezeichnen sich erlaubt. Statt einer Wissenschaft soll jetzt ein künstliches Geistesspiel ihn tragen, das, ohne auf objective Wahrheit Anspruch zu erheben, auf Grund augenblicklich gangbarer Ansichten eine Systematisation von Verstandenem und Unverstandenem erstrebt, die, thöricht genug, von Zeit zu Zeit dem heutigen Tage möglich scheint, und die er, dadurch in falsche Sicherheit gewiegt, vielleicht als Abschluß alles Wissens bewundert, die aber der morgige Tag schon widerlegen und, wie es zu geschehen pflegt, verlachen wird. - War diese „Philosophie" das Ziel, welches einem Sokrates wie Aristoteles, einem Descartes wie Locke vorschwebte, und das sie für würdig hielten, es mit der allerhöchsten Anstrengung ihrer Geisteskraft zu verfolgen? Und soll diese „Philosophie" uns die echtgeborene Königin sein, mit der verglichen, wie wir jetzt erfahren, selbst Exner's politische Wissenschaft, nur wie eine interimistische Regentin walten würde, um ihr am Tage der

Mündigkeit den Thron der Ahnen in Demuth wieder abzutreten? — Wahrhaftig nein! Die Königin muss immer eine ihres Volkes, und die Königin der Wissenschaften nothwendig selbst eine Wissenschaft sein.

So mildern die Bemerkungen, die Exner, theils der Rede eingeschaltet, theils im Vorworte beigefügt hat, unsern Gegensatz in keiner Weise.

Doch Manches zeigt sich nach ihnen allerdings in neuem Lichte, und für gewisse Betrachtungen, wie ich sie S. 15 ff. angestellt, wäre jetzt der Anlass entfallen.

Indem ich dies bekenne, wird es nun aber wohl Niemand mehr als Unrecht erscheinen, wenn ich den Vortrag in seiner ursprünglichen Gestalt unverstümmelt vor den Leser bringe. Wie sich zumeist Gutes und Uebles aneinanderknüpfen, so hat meine Deutung der Worte nach ihrem nächstliegenden Sinne mir Gelegenheit gegeben, über einige besondere Fragen, die Exner in seiner reichen Darlegung zur Sprache bringt, meine abweichende Meinung geltend zu machen, und auch hier mag der Vergleich der Anschauungen anregen und fördern.

Wien, im October 1892.

Franz Brentano.

Meine Herren!

1. Die Inaugurationsrede unseres Herrn Rectors[1], der, mit hochgeehrtem Namen, zu den vorzüglichsten Zierden der Schule zählt, ist in weiten Kreisen beachtet worden; insbesondere aber hat sie unsere philosophische Gesellschaft in Aufregung versetzt ob gewissen Behauptungen, welche die Absichten des Vereins zu entmuthigen drohen. Eine Discussion darüber hat stattgefunden, und ich bedauere um so mehr nicht dabei zugegen gewesen zu sein, als Seine Magnificenz uns bei diesem Anlaß mit ihrem Besuche beehrte, und dialektische Wechselrede die angeregten Fragen gewiß am besten gefördert haben würde. Aber auch heute noch, wurde mir gesagt, erscheine eine Meinungsäußerung von meiner Seite Vielen erwünscht.

Zu dem Behuf habe ich die Rede nochmals aufmerksam gelesen, mit erneutem Genuß ob dem Reichthum der Gedanken, die in schöner, durchsichtiger Darstellung geboten werden, und ob den hohen Zielen, die der Redner in der wohlwollendsten Absicht verfolgt;

---

[1] Ueber politische Bildung. Inaugurationsrede, gehalten am 22. October 1891 im Festsaale der Universität von A. Exner, derzeit Rector der Wiener Universität. (Seitdem ist die Rede in Leipzig bei Duncker und Humblot in zweiter und dritter Auflage erschienen. Ich citire nach der ersten Ausgabe; nach der neuesten wäre jede Seitenzahl um 20 bis 21 Eintheiten niedriger zu setzen.)

Brentano, Ueber die Zukunft der Philosophie.

zugleich aber auch mit besonderer Befriedigung, weil ich nunmehr die Gesellschaft hinsichtlich der erregten Besorgnisse mit bestem Gewissen beruhigen zu können glaube.

Zwei Aufstellungen insbesondere sind uns entgegen.

Erstens: Dem Redner gilt die Philosophie als etwas völlig Ueberlebtes.[1] Sie hat nach seiner Ueberzeugung ihre Herrschaft eingebüßt, und keinerlei Hoffnung, sie wiederzugewinnen, ist ihr geblieben. Nur darum kann es sich noch handeln, wer der Erbe des erledigten Thrones werden solle.

Zweitens: Der Redner mißbilligt auf das Entschiedenste die Uebertragung naturwissenschaftlicher Methode auf das Gebiet der Geisteswissenschaften.[2] Auch dieser Spruch trifft die Bestrebungen des Vereins, und kann minder hart als der frühere, da wir, oder wenigstens unsere rührigsten Glieder, durchaus nur in einem Verfahren nach Analogie der Naturwissenschaft das Heil philosophischer Forschung zu erblicken vermögen.

Diese beiden Behauptungen also haben Sie erregt, in einem begreiflichen, aber doch, wie mir wenigstens scheint, im Grunde nicht ganz berechtigten Maße.

2. Und eines wenigstens ist Ihnen wohl allen mit mir ersichtlich, die beiden Behauptungen bieten uns dem Inhalte nach nichts Neues. Die eine von dem Verlebt- und Verwebtsein der Philosophie haben wir längst als eine weitverbreitete Meinung gekannt und uns über sie hinweggesetzt; die andere aber, die sich auf die Methode bezieht, war wenigstens in der ersten Hälfte des Jahrhunderts vorherrschend, als Schelling nach seiner genial-constructiven, Hegel nach seiner dialektischen Methode vorging, Jeder vom Andern verschieden, aber doch darin, daß in der Philosophie

---

[1] a. a. O. S. 54.
[2] a. a. O. S. 45, S. 46 u. ö.

mit naturwissenschaftlicher Methode nichts zu richten sei, durchaus mit ihm einig. Die Forschungsweise eines Bacon, Descartes, Locke, Condillac galt allgemein als ein längst überwundenes kindliches Unterfangen. Da vor einem Vierteljahrhundert ich selbst in Würzburg meine philosophische Lehrthätigkeit begann, stellte ich allerdings die These auf: Vera philosophiae methodus nulla alia nisi scientiae naturalis est. Sie erschien aber damals keineswegs wie etwas Hergebrachtes; vielmehr wurde sie als höchst auffällig empfunden und unter meinen fünfundzwanzig zur Disputation angeschlagenen Thesen zur vorzüglichen Zielscheibe der Angriffe gewählt. Und auch jüngst wieder ist es geschehn, daß Professor Dilthey, welcher in seiner „Einleitung in die Geisteswissenschaften" der Philosoph der historischen Schule zu werden beansprucht, sich in eigenthümlich neuer Weise polemisch zu ihr stellte. Es sind Zeichen dafür vorhanden, daß der Herr Rector wesentlich auf gleichem Standpunkte mit diesem Schriftsteller sich befinde.

Also nochmals, die beiden Sätze sind nicht neu, und so könnten sie an sich uns wenig Eindruck machen; vielmehr nur etwa wegen der größeren Autorität, mit der sie uns hier entgegengetreten, oder wegen der kräftigeren Beweise, durch welche der Redner sie stützt.

3. Irre ich nicht, so hat besonders der erstere Umstand beunruhigend gewirkt. Die Gelehrsamkeit des Sprechenden, das Feierliche der Gelegenheit, die erhabene Stelle, von der herab die Worte erklungen, — das Alles schien ihnen ein besonderes Gewicht zu verleihen.

Aber gerade in dieser Hinsicht hoffe ich Ihre Sorgen am leichtesten zum Schweigen zu bringen.

Exner ist gewiß ein Mann von begründetem wissenschaftlichen Ruf, und die Würde, mit welcher ihn das einmüthige Votum der Facultäten betraut hat, gibt ihm heute für uns noch ein besonderes Ansehn. Aber dennoch hat der Gelehrte kaum jemals mit weniger Autorität

gesprochen, und auch weniger die Absicht gehabt, autoritativ ein=
dringlich seine Ueberzeugungen geltend zu machen, als in diesem
Vortrage.

Seine eigenen Worte lassen dies auf's Deutlichste erkennen.
Wann, frage ich, spricht ein Forscher mit größerer Autorität,
dann, wenn er über Fragen sich äußert, die zu seinem Fache gehören,
oder dann, wenn er die Grenzen des Gebietes, auf welchem er sich
einen Namen erworben, weit überschreitet? — Offenbar im ersten
Falle. Aber der Herr Rector unterläßt nicht, gleich von Anfang zu
erklären, er werde nicht von seinem speciellen Fache handeln, sondern
zu einem viel allgemeineren Thema greifen.[1]

Ferner: wann beansprucht ein Forscher mehr Autorität, dann,
wenn er etwas als sein Wissen geltend macht, oder dann, wenn er,
im Gegensatze zum Wissen, etwas als seine bloße subjective Ueber=
zeugung hinstellt? — Offenbar im ersten Falle. Aber der Herr Rector
trägt Sorge, uns gleich im Eingang nachdrücklichst zu erklären, daß,
was er sagen werde, ein wissenschaftliches „Glaubensbekenntniß"
sei, und daß er seine subjective „Persönlichkeit" darin zum Ausdruck
bringe?[2] Diese Worte sind an und für sich schon deutlich genug,
werden es aber noch mehr, wenn wir gleich darauf[3] ein doppeltes
Gebiet unterscheiden hören, deren eines weit vom andern abstehe.
Jenes nennt Exner den Intellect, der allein nach ihm das Arbeits=
feld der lehrhaften Thätigkeit und s. z. s. „die aus Begriffen gewebte
Oberfläche der Seele" ist; dieses bezeichnet er als die „Summe des
Fühlens, Glaubens und Wollens", welche nach seiner Meinung
erst unter jener Oberfläche „in unnahbarer Tiefe ruht".

Endlich noch einmal: wann nimmt ein Forscher mehr Autorität
in Anspruch, dann, wenn er auf zweifellose Annahme seiner Lehre

---

[1] a. a. O. S. 22.
[2] a. a. O. S. 22.
[3] a. a. O. S. 27.

rechnet, oder dann, wenn er, statt allgemeiner Zustimmung, überwiegend Widerspruch erwartet und selbst zu kritischer Beleuchtung auffordert? — Offenbar im ersten Falle. Aber der Herr Rector spricht es auf's Bestimmteste aus, daß er gewiß sei, vielfachen Widerspruch zu erregen [1], und er hegt diese Erwartung insbesondere darum, weil er sich bewußt ist, daß sein persönlicher Glaube in vielen Punkten ein fast vereinzelter sei. Indem er sich selbst wiederholt durch das Ansehn hochbedeutender Männer nicht anfechten läßt, gibt er uns ein wohl zu beherzigendes Beispiel, nicht sowohl auf den, der sagt, als auf das, was gesagt wird, zu achten. Und dieses uns zu Nutze machend, wollen wir jetzt, durch keine Autorität befangen, seine Gründe in Erwägung ziehen.

4. Was also, für's Erste, hat den Herrn Rector zu seiner für die Philosophie so traurigen Meinung geführt? wodurch hält er sich für berechtigt, ihre Zeit für völlig abgelaufen zu erklären? — Die Stelle des Vortrags [2], welche diesen Artikel seines Glaubensbekenntnisses formulirt, macht einen doppelten Grund dafür namhaft: einmal den „Verfall der philosophischen Production" „seit den Zeiten Kant's, Hegel's, Schelling's"; dann das Erlöschen der „ehedem so lebendigen und verbreiteten Theilnahme an philosophischen Fragen".

Wir wollen, einen um den andern, diese Gründe in Erwägung ziehen.

5. Seit Kant, Hegel, Schelling, sagt uns der Redner, sei die philosophische Production im Verfalle. Ist dem so, und wie sollen wir überhaupt dieses Wort vom Verfall der Production verstehen? —

[1] a. a. O. S. 22.
[2] a. a. O. S. 54.

Meint vielleicht der Herr Rector, daß unsere Zeit überhaupt aufgehört habe, originell philosophisch thätig zu sein, so zwar, daß nur noch das von jenen berühmten Männern Ueberlieferte wiederholt oder in handwerksmäßiger Art verarbeitet werde? — Kaum ist es denkbar, daß er eine solche Ansicht hege, da ja vielmehr gerade der durchgängige Bruch mit der jüngsten Vergangenheit für die Jetztzeit charakteristisch ist. Schelling ist zuerst und rasch nach ihm Hegel gefallen, während Kant sich zunächst behauptete, ja eine Zeit lang an Ansehn stieg. Aber auch über ihn lehrte ich schon vor einem Vierteljahrhundert, daß er einen Abweg eingeschlagen habe, und daß seine willkürlichen Constructionen und sein widernatürliches A priori die Einleitung zu den Extravaganzen der Nachfolger gebildet hätten. Heute ist hiervon eigentlich jeder wahre Fachmann mehr oder minder überzeugt, wenn auch nicht gerade jeder für räthlich hält, es bereits so unumwunden, wie ich es thue, auszusprechen.

So wenig also wäre es richtig, daß unsere Zeit in der Philosophie nichts Neues versuchte und nur sklavisch von den Urtheilen der Vorfahren sich bestimmen ließe, daß vielmehr die Gegenwart als die Zeit einer universellen Revolution oder, besser gesagt, einer Reformation der Philosophie von Grund aus bezeichnet werden muß. Das also konnte unmöglich die Meinung des Herrn Rectors sein, wenn er von einem Verfall philosophischer Production redete.

Was er aber sonst gemeint, ist mir wenigstens hiermit noch nicht klar geworden.

Oder sollte er vielleicht nur dieses haben sagen wollen, daß, mit jener Vorzeit verglichen, die Gegenwart an neuen philosophischen Erzeugnissen arm erscheine? — Wenn dies, so könnten wir ihm nicht wohl widersprechen. Denn damals, in der That, wucherten die Systeme in üppigster Fülle empor; bändeweis und über Alles, was man nur verlangte, gaben die Meister ihre Weisheitssprüche von sich: heute dagegen verwendet Mancher, der nicht zu den mindest

Geachteten gehört, sein ganzes Leben auf die Erörterung weniger, engumgrenzter Fragen und hat als Schriftsteller vielleicht nur ein paar magere Heftchen aufzuweisen. Aber seltsam wäre es denn doch, wenn, ob solcher verminderter Quantität allein, sofort von einem Verfalle der Production gesprochen werden sollte. Wie müßten wir sonst z. B. die Wendung nach Abschluß des Mittelalters beurtheilen, als Bacon und Descartes die moderne Philosophie inaugurirten? Bacon's Novum organon war ein schmales Büchlein, und die Meditationen, an denen Descartes jahrelang gearbeitet, zählten nur wenige Blätter. Ja Aehnliches gilt auch von den philosophischen Schriften eines Pascal, eines Locke, und selbst eines Mannes, der auf andern Gebieten so fruchtbar war, wie der Verfasser der Monadologie. Sie alle, was hätten sie, nur auf Zahl und Umfang der Werke geachtet, gegen die Riesenbände der Scholastiker, oder auch nur gegen die fünfundzwanzig mächtigen Folianten des einzigen Suarez, eines älteren Zeitgenossen von Descartes, in die Wage zu legen?

Doch gewiß, es wäre unbillig, dem Redner einen so niedern Gesichtspunkt zuzuschreiben. Sicher ist er mit uns darin einig, daß, wer von einem Verfall philosophischer Production spreche, nicht blos der Quantität, sondern vor Allem auch der Qualität der Werke Rechnung tragen müsse.

Wenn nun aber dies, dann erlaube ich mir, als Fachmann, dem Herrn Rector zu versichern, daß die philosophische Production der Gegenwart die der ersten Hälfte des Jahrhunderts nicht blos erreicht, sondern bei weitem übertrifft, und daß z. B. Alles, was Schelling's umfangreiche Bücher enthalten, aufgewogen wird von ein paar Blättern, welche selbst Mancher, der nicht ausschließlich Philosoph ist, wie z. B. die Physiologen Helmholtz und Hering, gelegentlich zum Fortschritt unserer Wissenschaft beiträgt. Und warum darf ich das so kühnlich behaupten? — Darum, weil von diesen

bewiesen wird, während dort nur Willkür, ja volle Unverständlich=
keit herrschte. Schon unser Grillparzer hatte diese in den Werken
von Hegel erkannt und sich daraufhin mit Abscheu von ihnen
abgewendet. Er war mit dem Philosophen in Berlin persönlich
bekannt geworden und wollte ihn, der ihm auf's Liebenswürdigste be=
gegnet war, nun auch in seinen Schriften kennen lernen. Aber,
so ansprechend und bescheiden er mir persönlich erschienen, erzählt
er uns in seiner Selbstbiographie [1], so unleidlich abstrus und an=
maßend zeigte er sich mir in seinen Werken.

Doch die Frage nach dem qualitativen Werthe hängt natürlich
mit der Methodenfrage zusammen, auf welche wir später eingehender
zurückzukommen haben.

6. Es bleibt der andere Grund, um deßwillen unsere Wissen=
schaft dem Herrn Rector für verloren gilt, nämlich das Erlöschen
des philosophischen Interesses in weiteren Kreisen.

Aber auch hier muß ich die Thatsache selbst auf's Entschiedenste
in Abrede stellen. Exner, der sie behauptet, hat an trügerische Zeichen
sich gehalten und würde, hätte er genauer untersucht, zu ganz ent=
gegengesetztem Urtheile gekommen sein. Er würde gefunden haben,
daß das philosophische Interesse nicht im Geringsten abgenommen,
die philosophische Bildung aber sogar entschieden zugenommen hat.

Es ist wahr, die damals übervollen Hörsäle sind heute vielfach
verödet. Aber nicht darum sind sie es, weil jetzt weniger Interesse
bestände, sondern darum, weil man weniger Hoffnung hegt, das
Interesse hier befriedigt zu finden. Und an diesem verringerten Ver=
trauen ist insbesondere der Mißbrauch schuld, der in jenen gepriesenen
Zeiten damit getrieben worden ist. So sind denn auch die Vor=
lesungen der alten Richtung ganz besonders vernachlässigt. Einst lief
man zu den Herren wie zu Wunderdoctoren, heute läßt man sie wie

---

[1] Grillparzer's sämmtliche Werke. 1872, X, S. 159.

erkannte Charlatane vergeblich ihre Künste anpreisen. Sehr natürlich, daß das Mißtrauen dann weiter griff und auch Solche traf, die sich nicht mitschuldig gemacht hatten. Aber doch beginnt man bereits zu unterscheiden. Als ich im Jahre 1866 in Würzburg mich habilitirte, war der Lehrstuhl der Philosophie mit einem eifrigen Baaderianer, also mit einem Philosophen besetzt, dessen Richtung der Schelling'schen verwandt war. Der Saal war verlassen, und auf der Thüre stand von eines dreisten Studenten Hand das Wort „Schwefelfabrik" mit großen Lettern geschrieben. Aber sieh! ich, obwohl gewiß nur ein unreifer Anfänger, fand sofort eifrige Zuhörer, und als ich nach sechs Jahren von der Universität schied, hatten die Verhältnisse sich so verändert, daß an der ganzen Hochschule, selbst die berühmte medicinische Facultät nicht ausgenommen, kein Colleg so viel Theilnehmer zählte als das philosophische. Ich sehe noch die jungen Leute vor mir, wie sie manchmal eng zusammengedrängt saßen, so daß die Ellenbogen sich beim Schreiben irrten.

Nun mag freilich Einer, der dies hört, mir ein „hic Rhodus, hic salta" zurufen, aber ich antworte getrost: Gar wohl! nur soll man mir zum Tanzen erst die Beine frei machen.¹ Und auch jetzt schon deutet das Entstehen unserer Philosophischen Gesellschaft darauf hin, daß trotz empfindlicher Störungen das philosophische Leben Wiens einigermaßen im Aufschwunge begriffen ist.

Doch was spreche ich von Localem und Partiellem, wo vollere und allgemeinere Zeugnisse zu Gebote stehn?

Wir alle haben erlebt und erleben noch heute die Bewegung, welche die Darwin'sche Hypothese hervorgerufen hat. Keine andere, wahre oder vermeinte, Entdeckung hat in der neuesten Zeit ein ähnliches Aufsehen erregt, weder der allumfassende Satz von der Erhaltung der Kraft, noch die gegenwärtheißende Kunde von den zu hoch gelobten und zu tief verdammten Koch'schen Impfungen. Fragen wir

¹ Anh. 1, S. 47.

aber warum, so liegt der Grund unverkennbar darin, daß die Darwin'sche Hypothese Licht zu geben versprach für die große Frage, ob wirkliche oder nur scheinbare Zweckordnung in der lebendigen Natur bestehe, und ob in Folge davon das Weltall vielleicht ohne einen schöpferischen Verstand begreiflich werde. Es war also ein metaphysisches, ein im eminenten Sinn philosophisches Interesse, welches in jener Bewegung sich mächtig erwiesen hat.

Wiederum haben wir erlebt und erleben noch heute, wie der Hypnotismus, ja wie der Spiritismus überall in der Gesellschaft und in den Blättern besprochen werden. Und auch diese, was sind sie Anderes als Erscheinungen, die zum Gebiet der Psychologie gehören, ja zum Theil solche, die ebenfalls in das Gebiet der Metaphysik hineinreichen würden? Ganz unzweifelhaft sind es also auch hier philosophische Interessen, die ihr Leben bekunden.

In vielen Städten sehn wir spiritistische Vereine sich bilden, in andern aber, wie dies namentlich in England und Amerika geschieht, neben diesen auch ethische, also Vereine, die auf praktischem Gebiet die höchsten philosophischen Fragen verfolgen. Was sind sie Anderes als neue Belege für den Bestand, ja für die Ausbreitung philosophischer Interessen in weiteren und weiteren Kreisen?

Ja aus Basel kam uns kürzlich der Bericht, daß ein dortiger Bürger sein ganzes Gut, ein Vermögen von mehreren Hunderttausenden, testamentarisch Demjenigen bestimmt habe, der die Natur der Seele ergründen werde. Die Bedingungen, welche der Eifer des Erblassers gesetzt, waren etwas seltsamer Art. Denn der Forscher sollte sich in eine Art Conclave begeben und es nicht eher verlassen, bis die Lösung des Räthsels gefunden sei. Und dieses Ungestüm hatte schließlich begreiflicherweise die Annullirung des Testamentes zur Folge. Vielleicht sagt einer daraufhin: der Mann war offenbar unklug, der Vorfall darum ohne jede Bedeutung. Aber Esquirol belehrt uns anders. Er constatirt, daß die Wahnvorstellungen der

Irren mit den Geschichtsperioden wechseln, jetzt religiös, jetzt politisch, jetzt wieder einem anderen Gebiet zugehörig, immer aber von den die Zeit bewegenden Interessen beeinflußt sind.

Blicken wir auf das Gebiet der schönen Literatur, so begegnet uns auch hier, was unsere Behauptung bestätigt. Der große Erfolg, den ein Romanschriftsteller wie Tolstoj und ein Dramatiker wie Ibsen erringen, führt sich anerkanntermaßen besonders auch darauf zurück, daß bei ihnen neue philosophische Lebensanschauungen zu dichterischem Ausdruck gelangen. Auch da Wilbrandt im Meister von Palmyra an die Seelenwanderung, und so an eine philosophische Frage rührte, hat dieses Drama vor Allem, was er sonst geschaffen, so vorzügliche Beachtung gefunden, daß Einer zu prophezeien wagte, man werde den Dichter einmal den Meister des Meisters von Palmyra nennen. Ja selbst bei Goethe ist es unleugbar, daß sein Faust, sogar den zweiten Theil mitinbegriffen, unter allen seinen Werken als das interessanteste gilt, und daß dies damit zusammenhängt, daß er in dieser Dichtung vor allen, wie ein Philosoph, eine weltumfassende Anschauung entwickelt.

Abermals also und abermals stoßen wir auf Wirkungen jenes Interesses, das unser Redner der Gegenwart absprechen will.

Doch seine Rede, ist sie nicht zugleich selbst ein Zeichen für das, was sie in solcher Weise bestreitet? — Der Herr Rector sagt uns im Eingange, er habe sein Thema gewählt, obwohl es nicht zum engeren Gebiet seiner Wissenschaft gehöre, indem er ein lebendigeres und allgemeineres Interesse für eine solche Frage erwartet habe, und der Erfolg hat bewiesen, daß er sich hierbei nicht verrechnet hat: denn kaum jemals früher wurde ein Wort von dem erhabenen Stuhle gesprochen, welches so vielseitig berücksichtigt worden wäre, wie das seinige. Aber dieses Thema, was ist es? — Ich sage: es ist ein philosophisches Thema, so gewiß als die Frage, welchen fördernden oder irrenden Einfluß der Aufschwung einer Culturbestrebung auf eine andere übe, und welches wissenschaftliche Interesse dem zwanzigsten Jahrhundert die Signatur aufdrücken werde, nichts Anderes als ein Stück Philosophie der Geschichte genannt werden kann.

Und wie im Ganzen seiner Rede, so zeigt der Herr Rector in jedem ihrer Theile sich wieder und wieder in philosophische Betrachtungen vertieft. Psychologisches, Logisches, Ethisches, Metaphysisches führt er in rascher Folge an unsern Augen vorüber. S. 23 ff. forscht er nach dem Wesen des Patriotismus und seinen Quellen — Das ist Psychologie. S. 31 bestimmt er den Begriff der Bildung und fragt, woraus sie hervorgehe. — Das ist wieder Psychologie. S. 27 gibt er eine Eintheilung der psychischen Thätigkeiten und macht jene schon erwähnte Scheidung zweier Gebiete, des Intellects, welcher „die aus Vorstellungen und Begriffen gewebte Oberfläche der Seele sei", und eines anderen Gebietes, welches „die Summe des Fühlens, Glaubens, Wollens" umfassen soll, und von dem er sagt, daß es mehr in der Tiefe liege. — Also wieder ein Stück Psychologie und von sehr eigenthümlicher Art.

Daran reiht sich sofort eine ethische Bemerkung. Jener Intellect mache keinen Theil des Werthes des Menschen aus; sein Fühlen, Glauben, Wollen aber thue es.

Und wenn hier die Ethik, so begegnet uns anderwärts die Logik; denn S. 35 handelt er von dem Wege Causalzusammenhänge zu erkennen, und S. 45 von der Frage der Uebertragbarkeit der naturwissenschaftlichen Methode auf geistige Gebiete.

Andere Sätze wieder greifen in die Ontologie und Metaphysik über. So wird uns S. 37 gelehrt, daß Alles von nothwendigen Causalgesetzen beherrscht sei, das moralisch politische Gebiet ebenso wie das mechanische. Und S. 35 wird sogar behauptet, daß das Gesetz von der Erhaltung und Verwandlung der Kraft ganz allgemein bestehe und auch für die politischen Kräfte Geltung habe. Dann S. 33, daß die Gemeinde, daß der Staat „wesenhafte" Dinge seien, daß sie nicht aus der Summe der zugehörigen Menschen und Territorien beständen, sondern Etwas seien, was „hinter beiden liege", ein „wesentlich Anderes", aber ebenso „Reales" (S. 34). Wiederum hören wir S. 49, daß der Panmechanismus, d. h. die allgemeine mechanische Weltanschauung, welche manche Physiker vertreten, zu verwerfen sei. Und ebenso schon S. 34, daß eine teleologische Ordnung in der Natur bestehe, wonach Alles in ihr sich selbst Zweck sei. So seien auch die Staaten, als Naturproducte, sich selber Zweck.

Also wirklich Psychologie, Ethik, Logik, Metaphysik, mit einem Wort Philosophie und wieder Philosophie ist, was der Rede des Herrn Rectors Zeichnung und Farbe gibt; und so finden wir ihn denn auch wiederholt die Autorität berühmter Philosophen anrufen; S. 33 und S. 51 citirt er Aristoteles und S. 37 Hegel, dessen Spruch: „Alles Wirkliche ist vernünftig", der Redner sich eigen macht.

Wer mit solcher Rede allgemeines Interesse erwartet und allgemeines Interesse findet, klingt es von dem nicht wie eine contradictio in adjecto, wenn er in ihr erklärt, daß das philosophische Interesse in weiteren Kreisen erstorben sei? — Jedenfalls beweist er durch sein Unternehmen und durch seinen Erfolg das Gegentheil von dem, was er lehrt: das philosophische Interesse lebt auch heute.

7. Ich habe gesagt, in unsern Tagen sei das philosophische Interesse nicht geschwunden, die philosophische Bildung aber habe sich in ihnen vermehrt. In letzterer Beziehung bin ich den Beweis noch schuldig.

Aber der Herr Rector hat mir die Sache hier leicht gemacht. Er hat ein Kriterium angegeben, welches, wenn wir ihm vertrauen dürfen, auf's Deutlichste erkennen läßt, daß jene angeblich „goldenen" Zeiten der Philosophie die Zeiten höchster philosophischer Unbildung gewesen sein müssen. Der sicherste Maßstab für die Beurtheilung des Bildungsgrades, lehrt er uns (S. 38), ist der Takt für das

Mögliche. Wer Alles für möglich, Nichts für unmöglich hält, der trägt, sagt er, das untrügliche Zeichen der Unbildung an sich. Wo nun, frage ich, könnte Einer dieses untrügliche Zeichen sicherer gegeben finden, als beim philosophirenden Publicum in den ersten Decennien unseres Jahrhunderts? — Jede neue Schrift eines unreifen jungen Menschen, wie Schelling es damals war, begrüßte der philosophische Aberglaube seiner Zeitgenossen mit der Hoffnung auf die geisterlösende Offenbarung. Und bald darauf, von diesem Propheten abfallend, lag die Welt anbetend vor Hegel auf den Knien und glaubte ihm, wenn er verkündete, er besitze in seiner absoluten Philosophie den endgiltigen Abschluß aller Forschung und vermöge mit seiner dialektischen Methode von einem schlechthin leeren Begriff, einem völlig gedankenlosen Denken ausgehend, die ganze Fülle der Wahrheit sich spontan entwickeln zu lassen.

Ueber einen andern Philosophen jener Zeit, Professor Wagner in Würzburg, der, mit enger umgrenzter Herrschaft, s. z. s. als „Philosoph der inneren Stadt", dort Sensation machte, hat unter Anderen der große Naturforscher Karl Ernst v. Baer in seiner Selbstbiographie uns berichtet. Er gab neben einer hochtönenden Naturphilosophie und andern Proben übermenschlicher Weisheit auch ein unfehlbares Recept zur Fabrication echt poetischer Werke. Wie bei Hegel in einem Dreischlag, so ging bei Wagner Alles in einem Vierschlag vorwärts, und natürlich, wie Baer sofort, aber wie es scheint unter den Zuhörern allein erkannte, war aller dieser Fortschritt bloßer Schein. In Berlin durchreisend kam Baer dann zufällig in den Hörsaal eines philosophischen Docenten, der sich gewissenhaft mit einer Specialforschung befaßte. Das Publicum wußte den Mann nicht zu würdigen, so zwar, daß heute ohne Baer's Erwähnung sein Name selbst vergessen wäre. „So wenig," sagt Baer, „zog Horkel's gründlich philosophischer Vortrag die Menge an, daß auch nach meinem Hinzutreten sich nur 6 Zuhörer in dem ansehnlichen Hörsaale fanden als rari nantes in gurgite vasto. Wie voll hatte ich im Jahre vorher (1815) den Hörsaal des Alles viertheilenden Wagner gefunden!"¹ Unsere Zeit, die, wenn überhaupt, nur von bescheiden sorgsamer Einzelarbeit Etwas erwartet, wie ganz anders zeigt sie dadurch im Exner'schen Sinne sich philosophisch gebildet! Gewiß auch gegenwärtig fehlt es nicht an solchen, die philosophisch Unmögliches für möglich halten, sahen wir doch selbst den geistvollen Zöllner in tragischer Weise spiritistischem Betrug zum Opfer fallen: aber was ist aller spiri= tistische Wahn gegen den Glauben an monströse Unternehmungen, wie sie die erste Hälfte des Jahrhunderts kennzeichnen? Nichts Aehnliches hat heute Bestand, und mit Staunen hören wir, daß solche After= philosopheme jemals Anhang zu gewinnen und Epoche zu machen vermocht haben.

8. Doch nun noch Eines.

Der Herr Rector sagte uns in seinem Vortrage, das Interesse für Philosophie sei in weiteren Kreisen geschwunden, obwohl vor Allem der Vortrag selbst diesen Irrthum schlagend widerlegt. Das war seltsam. Doch seltsamer noch will es mich bedünken, wenn er, nachdem er das Erlöschen dieses Interesses als Thatsache gegeben glaubt, sofort daran auch noch die Ueberzeugung knüpft, daß es in alle Ewigkeit nicht wieder sich entzünden werde.² Auch das politische Interesse scheint ihm im neunzehnten Jahrhundert bedenklich schwach geworden:³ Vorträge über ein naturwissenschaftliches Thema vor

¹ Wie Baer urtheilte auch der große französische Forscher, mit dem er sich in seiner zoologischen Classification berührt. Littrow erzählt von den Vorlesungen Cuvier's: „Sein Hauptwerk dabei war, seine Landsleute vor der damals in Frankreich immer mehr um sich greifenden deutschen Natur= philosophie zu warnen."
² a. a. O. S. 54.
³ Daß dem so sei, dürften ihm Wenige zugeben, wir indeß mögen es hier dahingestellt sein lassen.

gemischtem Publicum sprächen an, über ein politisches begegneten sie meist erstaunlich geringer Theilnahme.¹ Aber doch prophezeit er hier kühn eine Neubelebung, ja ist überzeugt, daß das zwanzigste Jahrhundert vornehmlich von diesem Interesse beseelt sein werde.² Warum also, frage ich, wäre nur bei der Philosophie ein Wiedererstehen von vornherein ausgeschlossen?

Auf diese Frage bekommen wir keinen ausdrücklichen Bescheid und sind auf das, was sich etwa indirect aus dem Vortrag ersehen läßt, angewiesen. Doch auch so, glaube ich, können wir mit genügender Sicherheit den bestimmenden Grund erkennen, der in nichts Anderem als in der durchaus praktischen Sinnesart des Herrn Rectors zu liegen scheint. In der That sah ich mit Staunen, bis zu welchem Grad eine solche Geistesverfassung bei einem Forscher, der sein ganzes Leben der Betrachtung praktischer Verhältnisse geweiht, sich entwickeln konnte.

Wissen hat, nach Exner, nur Werth und Berechtigung, wo es einem praktischen Bedürfnisse dient.³ Dies geht bei ihm so weit, daß ihm das Verlangen nach Kenntnißnahme von Naturgesetzen, zu welchen die neueste Forschung gelangt, und das freudig staunende Verweilen bei der Betrachtung ihrer kühnsten Errungenschaften, ohne Aussicht sie praktisch zu verwerthen, geradezu „widersinnig" vorkommt. So nimmt er S. 41 an dem allgemeinen Interesse für die Spectralanalyse⁴ Anstoß. Daß diese das Mittel ist, uns über die elementaren Bestandtheile der fernsten Gestirne zu unterrichten, macht dem Herrn

---

¹ a. a. O. S. 41.
² a. a. O. S. 52.
³ Hiermit stimmt es, wenn er, wie wir schon oben (S. 12) hörten, den Intellect und das Wissen nicht zu dem rechnet, was als solches dem Menschen einen höheren Werth verleihe. Das Gegentheil ergibt sich aus Betrachtungen wie die in meiner Abhandlung „Vom Ursprung sittlicher Erkenntniß" §§ 27 u. 32.
⁴ einer keineswegs so, wie Exner sagt, schwierig zu popularisirenden Lehre.

Rector nicht im Mindesten verständlich, wie mit dem männlichen Geschlecht auch sogar Frauen sich dafür zu interessiren vermögen, bei denen man, meint er, „ein lebhaftes Interesse" (hört! hört!) „weit eher für eine wissenschaftliche Erklärung der Ursachen und Wirkungen des Kaffeezolles erwarten möchte". „Aber ganz im Gegentheil," fährt er fort, „der einseitig herrschenden Geistesrichtung zufolge bewundert man dort die Erhabenheit eines ewigen Naturgesetzes und berauscht sich am Scharfsinn des Entdeckers, indessen man hier nur klägliches Menschenwerk erblickt, . . . eine Sache, die willkürlich auch anders oder gar nicht sein könnte, welche darum das nach ewigen Wahrheiten lechzende Gemüth des Bildungsphilisters gänzlich kalt lassen muß."

Also, meine Herren, wer populäre naturwissenschaftliche Vorträge aus rein theoretischem Interesse, mit einem nach ewigen Wahrheiten lechzenden Gemüth, besucht, ist nach dem Herrn Rector — ein Philister!

Aristoteles, für den der Herr Rector selbst die größte Hochachtung bekennt, hebt seine Metaphysik mit den berühmten Worten an: „Alle Menschen begehren von Natur nach dem Wissen"; und er führt dann aus, wie dies ohne jede Rücksicht auf praktischen Gewinn geschehe. Wir sehen, daß, was Aristoteles von dem normalen Menschen lehrt, mit dem, was der Redner über den Philister denkt, so ziemlich in eins zusammenfällt.

Derselbe exclusiv praktische Sinn begegnet uns dann auch in seiner erstaunlichen Hochschätzung der Römer, deren Geistesarbeit — obwohl sie nach ihm weder in der Naturwissenschaft (und Philosophie), noch in der Kunst Selbstständiges hervorzubringen vermochten[1] — er über die der Griechen zu erheben wagt[2]; freilich ihnen dabei praktische Leistungen zuschreibend, die, meines Erachtens, einen ganz

[1] a. a. O. S. 47.
[2] a. a. O. S. 49.

anderen Ursprung genommen haben. So die Entstehung des Reiches der katholischen Kirche, welche wir (wie auch die Kirche selbst es thut) gewiß besser auf die Semiten in Palästina, ähnlich wie die des muhammedanischen Reiches auf die Semiten in Arabien zurückführen werden. Das Römerthum trat der Kirche, wie etwas unbegreiflich Fremdem, zunächst nur feindlich entgegen; dort aber sehen wir sie wahrhaft und seit Langem vorbereitet, wie denn auch das Verhältniß von Kaiser und Papst das zwischen König und Hohempriester im Judenland wesentlich wiederholt.[1] Und ebenso unberechtigt schreibt er dem römischen Reiche die Verjüngung Europas zu[2], die sicher vielmehr theils dem Einflusse des Christenthums, theils dem Eindringen der germanischen Völkerschaften zu danken war.[3]

Die Römer, sagt Exner, haben uns alle Schätze des Alterthums übermittelt; alle Wege von dorther führen durch Rom.[4] Und hier allerdings kann ich ihm – doch, ich füge hinzu, leider! – nicht widersprechen. Es gibt gegenwärtig Leute, die uns prophezeien, daß ein gewaltiges Reich, das wir im Osten schauen, einmal das ganze civilisirte Europa unter die Füße treten, und so das gespaltene einigen werde. Wenn solches – wovor Gott uns bewahre – wirklich geschehen sollte, so würde dieses Rußland gewiß ähnlich die westeuropäische, wie damals Rom die griechische Cultur, in sich aufnehmen und späteren Zeiten überliefern. Und dann möchte ein zukünftiger Historiker wohl auch einmal in diesem panslavistischen Staat ein politisches Wunderwerk erblicken, sogenspendend, wie es kein anderer unserer Staaten vor und neben ihm gewesen sei. Ich aber muß zum Voraus hiergegen protestiren. Ebensowenig kann ich aber dann Exner's Hochpreisungen Roms in Bezug auf das Alterthum

---

[1] Anh. 2, S. 18.
[2] a. a. O. S. 47.
[3] Anh. 3, S. 49.
[4] a. a. O. S. 49.

gelten lassen; man sieht, hier urtheilt kein unparteiischer Richter, hier spricht der Lehrer des römischen Rechtes.[1]

Doch lassen wir uns nicht von unserem Thema abbringen! Es handelte sich uns darum, begreiflich zu machen, warum der Herr Rector eine Auferstehung des in weiteren Kreisen erstorbenen philosophischen Interesses für ausgeschlossen hält, und ich sagte, daß dies wohl nur aus der eigenthümlichen Art verständlich werde, wie er das Wissen allein nach dem Maß praktischen Bedürfnisses schätze. Ein praktisches Bedürfniß nach Philosophie wäre nämlich nach dem, was er S. 55 ausführt, bei der größeren Menge in keiner Weise vorhanden. Sie hat den Arzt und seine Verordnungen, sie hat den Geistlichen und seine Predigt, und indem diese dann bei Gelegenheit die Leute zugleich über politische Fragen berathen, sind sie vollständig versorgt. Sie nennt er darum „die beiden Augen des Volkes in seiner großen Masse, welches durch sie die Welt der geistigen Dinge wahrnimmt". Der Philosoph, was wäre er da anderes als ein drittes Auge im Gesicht und ein fünftes Rad am Wagen? So hatte denn die allgemeine Theilnahme für philosophische Lehren wohl nie eine natürliche Berechtigung, und ihr Erlöschen erscheint als ein Fortschritt, der, einmal gethan, nicht rückgängig gemacht werden soll und kann.

Aber das Alles ist ja durchaus verwerflich. Sehen wir ab von der allgemeinen Macht theoretischen Interesses und von jenem natürlichen Verlangen nach Wahrheit, welches für die hohen Fragen unserer Wissenschaft das allerlebendigste war, ist und sein wird: selbst unter rein praktischem Gesichtspunkt wird die Philosophie immer und immer wieder als dringlichstes Bedürfniß weitester Kreise empfunden werden.

Der Geistliche, der positive Theologe, sagt Exner, sei eines der Augen des Volkes. Er schreibt ihm hier einen Einfluß zu, von

[1] Anh. 4, S. 49.

dem es fraglich ist, ob er ihn immer und überall besitze und besitzen werde. Die Sanction der positiven Religion ist heutzutage entschieden in Abnahme begriffen. Man mag dies, wie unter den Freidenkern der edle Fechner es gethan,[1] und wie ich selbst es thue, bedauern, aber man kann es darum nicht leugnen, oder auch nur praktisch ignoriren. Eine Kirche, an die das Volk nicht mehr wie früher glaubt, kann auch nicht mehr wie früher dafür sittliche Stütze sein. Und so hat denn in Frankreich, wo der Verfall des christlichen Glaubens am weitesten vorgeschritten ist, und z. B. der allgemein geehrte Präsident der Republik Sadi Carnot nicht einmal mehr die Taufe empfangen hat,[2] die Nothwendigkeit sich herausgestellt, einen rein philosophischen Unterricht in der Moral an den Volksschulen einzuführen.[3] Das Gesetz über Organisation der französischen Volksschule vom 28. März 1882 verlangt in diesem Sinne an erster Stelle: l'enseignement moral et civique; und eine Reihe von Lehrbüchern für elementare und höhere Schulclassen beweisen, daß dieses Gesetz bereits in die Praxis übergeführt worden ist. Wenn im neunzehnten Jahrhundert solches in Frankreich nöthig geworden, wäre es da nicht vermessen zu leugnen, daß im zwanzigsten Tage kommen könnten, wo ein derartiges Gesetz auch in unsern Landen als unentbehrlich sich herausstellen würde? Wer den so schwachgewordenen Glauben unseres heutigen Volkes[4] mit seiner Glaubensstärke im Mittelalter vergleicht, wird darin wenig Grund finden, die Frage zu verneinen.

---

[1] Anh. 5, S. 55.
[2] Es wurde mir dies von einem geistlichen Würdenträger mitgetheilt.
[3] Anh. 6, S. 56.
[4] Man sehe, wie leicht die irreligiöse Propaganda der Socialistenführer die Arbeiterkreise gewinnt, und wie die Päpste selbst die schwersten Uebelstände unserer Zeit überall mit dem Verfall des Glaubens in Zusammenhang bringen.

Aber nehmen wir an, es gehe bei uns sicher Alles einen andern Weg; die Macht der christlichen Religion über die Gemüther werde sich erhalten und wieder herstellen: so, sage ich, wird auch dann die Philosophie von höchster praktischer Bedeutung bleiben, indem sie, statt als irgend denkbarer Ersatz, als Helferin der Theologie angerufen werden wird. Denn diese ist wie eine fürstliche Frau, die mannigfacher Dienerschaft bedarf. Sie bedarf als Dienerin der Geschichte, sie bedarf als solcher der Philologie, vor Allem aber nimmt sie fort und fort die Dienstleistungen der Philosophie in Anspruch, die darum schon das Mittelalter vorzugsweise als die „ancilla theologiae" zu bezeichnen liebte.[1]

Exner verlangt S. 55 „Harmonie" der Weltanschauungen von Arzt und Geistlichem, indem der „Widerspruch zwischen den von ihnen entworfenen Weltbildern das Volk verwirre". Er vermeint diese Harmonie durch politische Bildung herstellen zu können. Aber hat er da wirklich das geeignete Mittel bezeichnet? -- Wahrhaftig nein! Offenbar thut ganz Anderes dafür noth. Denn nicht ob Föderalismus oder Centralismus, Socialismus oder Capitalismus, sondern ob Theismus oder Materialismus, — das ist die Frage, deren gegensätzliche Lösung den gewöhnlichen Zwiespalt zwischen Arzt und Geistlichem verschuldet. Wie also sollte das Studium der Politik ihre Weltanschauungen genugsam einigen? - Ja nicht blos dies muß bestritten werden: es scheint mir sehr fraglich, ob die Einigkeit

---

[1] Die Theologen bilden und bildeten immer einen verhältnißmäßig kleinen Theil der Gläubigen. Daher ist für das Verlangen der Kirche nach möglichst allgemeiner Theilnahme an philosophischer Erkenntniß, mehr noch als das Prädicat „ancilla theologiae" für die Philosophie, das Attribut „praeambula fidei" bezeichnend, das sie ebenfalls schon im Mittelalter gewissen philosophischen Theoremen gegeben hat. Sie dürfte kaum auf Exner's Stimme hören, wenn er ihr rathen sollte, dieselben durch politische Betrachtungen zu ersetzen.

zwischen ihnen auch nur in irgendwelcher Beziehung größer würde, wenn unsere Aerzte und Geistlichen von heute ab · auf's Eifrigste mit Politik sich befaßten. Je mehr Politik, finde ich, um so mehr politischer Dissens.[1]

Doch sehen wir für einen Augenblick von allem hier Gesagten ab, und halten wir uns nur an das, was dem Herrn Rector selbst unzweifelhaft ist, nämlich daß ein allgemeines Bedürfniß nach politischer Bildung immer bestehen bleibe. Ich frage, ist darin dann nicht wiederum enthalten, daß auch philosophische Bildung allezeit erforderlich sein wird? Sind es denn nicht psychologische Gesetze, die in dem Staat, die in der Gesellschaft walten? – Mir und den Allermeisten scheint dies einleuchtend. Ich bedauere aber, daß wir den Herrn Rector hier nicht auf unserer Seite haben. Wir stoßen hier auf jene „wesenhaften Dinge" hinter der Summe des Einzelnen, für welche der Herr Rector die Gemeinde und den Staat erklärt, während ich, ich bekenne es, von diesen metaphysiko=politischen Wesen nichts sehe, sei es daß sie wirklich nur in dem Geist einiger Juristen bestehen[2], sei es, daß mir, wie der Herr Rector annehmen wird, „der politische Sinn" fehlt, der zu solcher Wahrnehmung nöthig ist.[3] Ich tröste mich damit, daß auch Leibniz und Aristoteles, denen man doch politische Einsicht nicht abzusprechen pflegt, sie nach=

---

[1] Die Wahrheit ist nur eine, aber einen chimärischeren Utopisten könnte es nicht geben, als den der glaubte, daß ein energisches Studium der Politik Alle sofort in der Wahrheit einigen werde. Exner weist selbst auf das Ueber= maß der Schwierigkeit hin, die aus vielfachem Grunde gerade hier für den Beobachter sich ergibt (S. 35). Und wenn er noch immer ein nüchterner Be= obachter wäre! aber für Nichts wird ein solcher seltener als für politische Erscheinungen gefunden.

[2] wohl als Nachklang Schelling=Hegel'scher Lehre. (Vgl. Schelling's Vorlesungen über die Methode des akademischen Studiums. 1803.)

[3] a. a. O. S. 33 f.

weisbar ebensowenig gesehen haben.[1] Und ganz ausdrücklich sagt dieser auch, daß der Staat den Zweck habe, das Leben des Menschen möglichst edel und glückselig zu gestalten.[2] Was übrigens hier das Richtigere sei, das sei dahingestellt; bleiben uns doch schon im früher Gesagten der Beweise genug, welche zeigen, daß die Philosophie am allerwenigsten darum, weil kein normales Bedürfniß nach ihr vorhanden wäre, auf Nimmer= wiedersehn verschwunden sein kann.

Dieses Bedürfniß wird gerade heutzutage so lebhaft gefühlt, daß die Fachphilosophen ihm nicht zu genügen vermögen, und daß wir oft sehen, wie Naturforscher — Henle, Du Bois-Reymond, Helmholtz, Tait, Darwin, Huxley, Baer, Häckel, Hering, Mach, Rokitansky dem auch noch andere Namen unserer Hochschule zuzugesellen wären — und ebenso berühmte Juristen, wie z. B. Jhering und, wir sahen es ja, unser Herr Rector selbst, vielfach in sie übergreifen.

9. Welches also ist das Ergebniß dieser ganzen Betrachtung? —

Wie die philosophische Production der Gegenwart, mit jener der ersten Hälfte des Jahrhunderts verglichen, nicht im Verfall

---

[1] Der Staat ist für Aristoteles kein Reales, kein ὄν im Sinne einer der Kategorien, weder eine Substanz, noch ein Accidenz. Denn nichts actuell Reales setzt sich nach seiner ausdrücklichsten Lehre aus actuell Realem zu= sammen; der Staat aber ist ihm die Gemeinschaft der Familien und Ge= meinden um eines vollendeten und glückseligen Lebens willen. (Polit. III. 9; vgl. I. 1, 1252, a. 17.)

Daß Aristoteles den Staat als etwas von der Natur Beabsichtigtes bezeichnet, steht damit nicht im Widerspruch. Auch das Weltall, und vor Allem dieses, gilt Aristoteles als Zweck der Natur, aber darum wahrhaftig nicht als ein „wesenhaftes" Ding (vgl. Erner, a. a. O. S. 33) hinter der Summe des Einzelnen (vgl. ebend. S. 34), vielmehr offenbar als diese Summe (τὸ πᾶν) selbst (vgl. Metaph. Λ. 10).

[2] Polit., III, 9. 1280, b, 39.

erschien, so ist auch das philosophische Interesse in ihr nicht erloschen oder auch nur geschwächt. Viel weniger ist Jemand berechtigt, es für etwas, was auf Nimmerwiedersehn verschwunden wäre, zu nehmen.

Ueber den ersten Punkt, der Einigen von uns Sorge machte, dürfen wir somit beruhigt sein.

10. Aber eine andere wichtige Frage bleibt uns zu erörtern. Haben Diejenigen recht, oder haben sie unrecht, welche heutzutage darauf ausgehn, die auf naturwissenschaftlichem Gebiet so glänzend bewährten Methoden auf Probleme der Geisteswissenschaft anzuwenden?

Ich war im Begriffe, mir ein paar Gedanken hiefür zusammenzustellen, als der Brief eines Freundes aus München mich erreichte; und der Zufall wollte, daß ich darin sogleich auf folgende Worte stieß. „Am Schluß des Wintercollegs der Geschichte der Philosophie," schreibt mir Professor Stumpf, „erwähnte ich diesmal, daß es nun ein Vierteljahrhundert sei, daß Sie bei der Habilitation die These aufstellten: „die wahre Methode der Philosophie ist die der Naturwissenschaften", und wie es sich seitdem immer mehr bewährt habe." „Diese These," fügt er bei, „und was damit zusammenhing, war es auch, die Marty und mich mit Begeisterung an Ihre Fahne fesselte."

So spricht ein namhafter, zeitgenössischer Forscher auf geisteswissenschaftlichem Gebiet. Unser Herr Rector, wir sahen es, ist anderer Meinung und hat in seinem Vortrage sowohl im Allgemeinen, als insbesondere, was die socialen Disciplinen betrifft, energisch dagegen protestirt. „In fast allen Zweigen der Geisteswissenschaft," klagt er S. 45, „hat in unserem Jahrhundert eine widernatürliche . . . Invasion naturwissenschaftlicher Denkformen Platz gegriffen"; in gewissen Fällen hat sie „gänzlich auf Abwege geführt", in anderen eine „wunderliche Verschrobenheit in der formalen Stoffbehandlung erzeugt", für die „Zopf" die würdigste Bezeichnung wäre.

Und welches sind seine Gründe? Ich glaube sie mit wesentlicher Vollständigkeit in vier Momenten zusammenfassen zu können, von denen die beiden ersten deductive Argumente sind, die beiden andern empirische Verificationen bieten.

Erstens: Die Mechanik geht bis zu den Grundgesetzen der Natur zurück, sie leitet aus ihnen die secundären Gesetze ab, und erklärt so die besonderen Erscheinungen.

Auf dem moralisch-socialen Gebiet ist solches unmöglich: die Phänomene sind hier unendlich feiner und tiefer verzweigt:[1] die unabsehbar vielfältigen Voraussetzungen sind nicht vollständig erkennbar, geschweige daß jede einzelne einer exacten Maßbestimmung unterworfen werden könnte. Wer also nach Art jener Naturforscher vorgehn will, kommt nothwendig zu keinem oder zu ganz irrigem Resultate.

Zweitens: Die moralisch-socialen Erscheinungen sind geschichtliche Erscheinungen; die der Mechanik sind es nicht. „Die Mechanik kennt weder Vergangenheit noch Zukunft."[2] Somit muß die Methode hier und dort ganz verschieden sein. Die wahre sociale Methode ist, im Gegensatze zur mechanisch-naturwissenschaftlichen, die „historisch-politische".[3]

Dies die zwei deductiven Argumente.

Zu ihnen kommt, wie gesagt, eine doppelte Verification durch directe Empirie.

Die eine liegt in dem geschichtlichen Zusammentreffen von höchster naturwissenschaftlicher Bildung mit tiefster politischer Unbil-

[1] a. a. O. S. 38.
[2] a. a. O. S. 51.
[3] ebend.

dung, sowie von hoher politischer Bildung mit dem äußersten Tief=
stand der Naturwissenschaft. Für jenes gibt einen schlagenden Beleg
das 18. Jahrhundert, welches, sagt Exner,[1] den Höhepunkt des
Aufschwunges der exacten Naturwissenschaften zugleich mit dem tiefsten
Tiefstand politischen Elends zeigt. Er erinnert an „die Decrete des
französischen Nationalconvents", „dessen Mitglieder doch für politisch
möglich halten mußten, was sie mit Gesetzeskraft befahlen".[2] Für
dieses findet er ihn in dem alten Rom. „Die Römer . . . haben keinen
mathematischen Lehrsatz aufgestellt und kein Naturgesetz entdeckt", sie
haben aber „eine unerhörte politische Macht zu folgerechter Entwicklung
gebracht" und die großartigsten „politischen Traditionen geschaffen".[3]

Dies die erste Verification.

Noch entscheidender scheint ihm die zweite. Nicht blos Gleich=
zeitigkeit zwischen höchstem naturwissenschaftlichen Aufschwung und
tiefstem Verfall politischer Bildung ist, was wir im 18. Jahrhundert
in Frankreich finden, sondern wir bemerken geradezu den verderb=
lichen Einfluß, den die naturwissenschaftliche Denkweise damals auf
politischem Gebiet übte. Der Historiker Hippolyte Taine hat jüngst
den causalen Zusammenhang überzeugend dargethan;[4] und auch
Verirrungen der Gegenwart auf geisteswissenschaftlichem Gebiete
tragen deutlich das Zeichen solcher Herkunft an sich.[5]

So läge denn alles Heil in der Ablehnung jedes Gedankens,
die Naturwissenschaft auf geisteswissenschaftlichem Gebiet methodisch
zum Vorbild zu nehmen.

Das dürften in wesentlicher Vollständigkeit die Gründe des
Herrn Rectors sein. Wir müssen sie der Reihe nach prüfen.

[1] a. a. O. S. 49.
[2] a. a. O. S. 39.
[3] a. a. O. S. 47 f.
[4] a. a. O. S. 50.
[5] a. a. O. S. 45 f.

11. Die Mechanik, sagt uns Exner, geht auf Grundgesetze zurück und erklärt aus ihnen deductiv die besonderen Erscheinungen. Bei den moralisch-politischen Phänomenen ist solches Verfahren unmöglich. Die feinen, unendlich verwickelten Voraussetzungen sind weder vollzählig erkennbar, noch im Einzelnen meßbar. Wer also hier nach Art des Naturforschers vorgehen will, verfehlt sein Ziel.

Unstreitig sagt uns der Redner hier viel Wahres. Aber indem ich dies beifällig anerkenne, muß ich zugleich auf ein Uebersehen aufmerksam machen, welches den Schluß seiner Giltigkeit beraubt. Dies Uebersehen ist sehr merkwürdig: Exner spricht, als ob nicht auch auf dem Gebiet der Natur feine und unendlich verwickelte Erscheinungen vorkämen; Erscheinungen, bei denen theils die mangelhafte Kenntniß der Vorbedingungen, theils die in's Unendliche wachsende Schwierigkeit der Berechnung jeden Versuch einer Ableitung aus den mechanischen Grundgesetzen vereiteln würde. Und doch finden wir solche in reichster Fülle; ja in ganzen Zweigen der Naturwissenschaft sind alle Phänomene ausnahmslos von dieser Art.

Betrachten wir folgenden Fall. Ein Würfel von gleichmäßiger Dichtigkeit sei auch sonst regelmäßig gebaut, nur auf einer Seite etwas schief geschnitten: man will bestimmen, mit welcher Leichtigkeit bei solcher Gestalt jede einzelne Seite getroffen werde. Dieses verhältnißmäßig einfache Problem, mit genau bestimmten Daten, erweist sich bereits als so verwickelt, daß die Mittel unserer heutigen Mathematik zur Berechnung nicht ausreichen. Was also thun? Etwa die Frage als schlechthin unlösbar aufgeben? — Keineswegs! Der Naturforscher paßt den Verhältnissen sich an und greift zu dem bescheideneren Verfahren directer Induction. Er würfelt und würfelt wieder, und bestimmt so, nach dem Gesetze der großen Zahlen, die gesuchte Unbekannte mit einer in's Unendliche wachsenden Sicherheit und Genauigkeit.

Nehmen wir eine andere, ungleich verwickeltere Aufgabe. Es handele sich darum, das specielle Gesetz zu bestimmen, nach welchem bei einer gewissen Bucht, in Folge der besonderen Uferbildung, Ebbe und Flut verlaufen. Die Vorbedingungen sind hier unendlich mannigfach, und weder unsere Kenntniß von ihnen, noch unsere mathematische Kunst irgendwie zur Analyse ausreichend. Die directe Erfahrung entscheidet.

Dasselbe finden wir in dem ganzen, weiten Reich der Meteorologie. Wer könnte hier die Ursachen so, wie es zu deductiver Behandlung der Erscheinungen nöthig wäre, ermessen? Und abermals, ja mehr noch gilt solches auch bei den Erscheinungen der Krystallisation. Verschiedene Stoffe krystallisiren nach verschiedenen Gesetzen, und auch derselbe zeigt unter verschiedenen Verhältnissen eine Krystallbildung nach völlig verschiedenem Systeme. Bei Schwefel, Phosphor, Kohlenstoff ist dies z. B. der Fall. Krystalle, so verschieden wie Graphit und Diamant, sind beide aus reinem Kohlenstoff gebildet. Wir wissen dies erfahrungsgemäß; eine Ableitung aus der Natur der Elemente überstiege, wie jeder Chemiker und Mineraloge weiß, weitaus unsere Kenntniß und Kraft.

Und wie nun erst auf dem Gebiete der lebendigen Natur, wo schon die einfachste Zelle etwas unvergleichlich Künstlicheres und in seinen Functionen Räthselhafteres ist, als die durchgebildetsten krystallinischen Formationen! Wir sind überzeugt, daß hier physikalisch-chemische Gesetze die Unterlage bilden, aber wir vermögen nicht den Aufbau der Zelle durch sie zu begreifen; und wie nun gar sollte einer, bei der Wechselwirkung unzähliger Theile des Organismus unter sich und mit der Außenwelt, dieses ganze Getriebe aus seinen ersten Ursachen deductiv zu erklären im Stande sein? Der Physiologe bestimmt empirisch die gesetzmäßigen Stadien embryonaler Entwicklung und des jugendkräftigen Erblühens und des greisenhaften Verfalles. Der Morphologe zeigt uns empirisch die gesetzmäßigen Beziehungen zwischen der Aenderung eines und aller andern Organe. Der Zoologe erzählt uns, daß alle weißen Katzen mit blauen Augen taub sind; er bewahrheitet das Gesetz empirisch, ohne es deductiv von höheren Principien aus vorauszusehn oder auch nur nachträglich erklären zu können. Der Ethnologe verzeichnet die Aenderungen, welche bei der weißen Rasse schon heute, nach wenigen Jahrhunderten, im östlichen Nord-Amerika zu Tage treten; er beschreibt uns den Wandel der Gesichtsfarbe, das Kleiner werden der Hände und Füße, das Durchdringendere im Blick der gleichfalls verkleinerten Augen — lauter Umbildungen, welche die eingewanderte weiße Rasse der eingeborenen rothen annähern —; er ermittelt empirisch, daß die Ursachen klimatische Einflüsse sind, die nicht ebenso in den westlichen Theilen, wie z. B. in Californien, bestehen: aber dabei irgend etwas aus den Grundgesetzen der physikalisch-chemischen Urbedingungen abzuleiten, kömmt ihm nicht in den Sinn. Auch ist der biologische Forscher sich vollauf bewußt, daß seine Gesetze, wie nicht die Würde, so auch nicht die Genauigkeit vollanalysirter Lehrsätze haben. Der Pathologe weiß, daß kein Krankheitsfall dem andern gleich ist, und so bekannt ist der unanalysirbare Einfluß individueller Constitution, daß man allgemein am liebsten den durch directe Erfahrung länger mit ihr vertrauten Arzt um Hilfe anruft.

Die Naturwissenschaft verlangt also keineswegs, wie das Argument voraussetzt, daß wir überall gleichmäßig und so, wie in den einfachsten Fällen der Mechanik, vorgehen sollen. Im Gegentheil, sie unterweist uns und übt uns darauf ein, der besonderen Natur der Gegenstände entsprechend unser Verfahren zu ändern und unsere Ansprüche bald zu steigern, bald herabzustimmen, um dort den volleren Erfolg zu erzielen, hier, auf das Unmögliche verzichtend, das wissenschaftlich Mögliche glücklich zu erreichen.

Die mathematische Analyse, die auf manchen Gebieten der Naturwissenschaft das hauptsächliche Mittel des Fortschrittes ist, spielt darum bekanntlich auf anderen so gut wie gar keine Rolle; und so konnte es geschehen, daß große und geniale Entdecker sehr wenig von ihr verstanden haben. Benjamin Franklin und Darwin erzählen uns in ihren durch Aufrichtigkeit unstergiltigen Selbstbiographien von ihrem sehr bescheidenen mathematischen Talente, und Häckel rühmt sich geradezu, daß er nicht einmal den pythagoreischen Lehrsatz beweisen könne.

Wenn dem nun so ist, wie könnte etwas Anderes rascher und überzeugender, als der Blick auf die Naturwissenschaft, erkennen lassen, wie wir bei jenen hochverwickelten Erscheinungen, welche die Geisteswissenschaft begreift, naturgemäß zu verfahren haben werden? — Wir sehen, von dem, was der Herr Rector besorgt, dürfen wir das gerade Gegentheil erwarten.

So viel vom ersten Argumente, bei dem wir ob seiner Wichtigkeit etwas länger verweilten. Das zweite dürfte sich daraufhin mit kürzeren Worten erledigen lassen.

12. Die Sociologie, sagt Exner, hat es, im Unterschied von der Mechanik, mit geschichtlichen Erscheinungen zu thun; so muß auch ihre Methode, im Unterschied von der mechanisch-naturwissenschaftlichen die historisch-politische sein.

Dies Argument hat, losgelöst von dem früheren, gar keine Kraft und Bedeutung: es würde zu einer reinen petitio principii werden. Denn nicht darum kann es sich handeln, ob in der Sociologie gleichartige oder andersartige Probleme wie in der Naturwissenschaft erforscht werden sollen, sondern darum, ob trotz der Verschiedenartigkeit der Fragen ein analoges Verfahren erfolgreich sein könne. Dieses von vornherein leugnen, hieße eben das fordern, wofür der Beweis obliegt. So könnten wir, nach der Widerlegung des früheren Grundes, von diesem ganz und gar Umgang nehmen.

Doch ich will es nicht unterlassen, noch im Besondern zu bemerken, daß der geschichtliche Charakter, den gewisse Erscheinungen vor andern tragen, gewiß nicht das ist, was die Gebiete der Naturwissenschaft und Geisteswissenschaft trennt. Exner erwähnt selbst, was die Geisteswissenschaft betrifft, hier nur der socialen Phänomene als historischer. Was aber die Naturwissenschaft anlangt, so ist es mir höchst auffallend, wie er bezweifeln kann, daß auch sie in weitem Umfange mit geschichtlichen Erscheinungen sich befasse.

Exner sagt: „Die Mechanik kennt weder Vergangenheit noch Zukunft." Ich werde darauf nicht antworten, daß dies schon darum nicht richtig sein könne, weil jede Bewegung in einer Zeitfolge von Momenten verläuft: denn dies hieße gewiß seine Meinung mißdeuten. Gestehen wir vielmehr, was er von der Mechanik sagt, willig zu, ohne daran zu nörgeln. Aber was gilt denn von der Embryologie und der Betrachtung verschiedener Stadien der Ausbildung vom Ei zum vollentwickelten Organismus? Was gilt von dem Studium der Lebensalter und ihrer beträchtlich verschiedenen Dispositionen? Was gilt von dem Krankheitsverlauf im einzelnen Fall, und was von den Aenderungen des Charakters einer Epidemie bei ihrer Wiederkehr? Haben diese Phänomene nichts von einem geschichtlichen Charakter an sich? Was ferner soll man sagen von der Kosmogonie und dem Gesetz der Entropie und den Verheißungen, die Thomson und Helmholtz für das Weltall daran knüpfen? Was von der Geologie und den Gesetzen, die Lyell und Andere hier feststellen? Was von der Paläontologie der Pflanzenwelt und Thierwelt, zumal seit die Descendenzlehre an die Stelle von Cuvier's Revolutionen die Continuität der Entwicklung gesetzt hat? — — Ich weiß keine Antwort, außer etwa die, daß dem Herrn Rector die Mechanik so vornehmlich imponirt zu haben scheint, daß ihm alles Andere in der Naturwissenschaft neben ihr verschwindet. So bemerken wir denn hier auf's Deutlichste dasselbe Uebersehen, welches schon das vorige Argument ungiltig machte.

13. Wenden wir uns jetzt zu den beiden Verificationen. Die erste wollte Exner in dem geschichtlichen Zusammentreffen höchster naturwissenschaftlicher Bildung mit tiefster politischer Unbildung, sowie vorgeschrittenster politischer Bildung mit äußerst zurückgebliebenem Zustande der Naturwissenschaft aufweisen. Offenbar meint er, dieses Zusammentreffen könne nicht ohne die größte Unwahrscheinlichkeit als etwas Zufälliges betrachtet werden; vielmehr müsse man darin eine Folge der von ihm behaupteten Verschiedenheit naturwissenschaftlicher und social-politischer Methode erkennen, indem die auf dem einen Gebiete angenommenen Denkgewohnheiten auf dem anderen sich nachtheilig erwiesen.

Aber hier ist gar Vieles, was uns hindert, sein Argument irgendwie als vollwichtig gelten zu lassen.

Vor Allem, wenn das Zusammentreffen hoher naturwissenschaftlicher und niedriger politischer Bildung und umgekehrt durchgängig in der Geschichte beobachtet würde, so würde dies allerdings etwas Auffallendes sein und Vermuthungen wie die des Herrn Rectors nahe legen; anders wenn Fälle eines solchen Zusammentreffens sich nur vereinzelt in der Geschichte zeigen. Es wird also darauf ankommen, ob uns der Herr Rector die Gesetzmäßigkeit des Zusammentreffens in weitgreifender, gewissenhaft durchgeführter Induction darzulegen vermocht hat. Aber siehe da! er gibt uns für jede der beiden Seiten nicht mehr als ein einziges Beispiel, hier das 18. Jahrhundert, dort das alte Rom. Und wenn wir nun, was er versäumt hat, nachzuholen versuchen, so stößt unsere Induction sofort und s. z. s. beim ersten Schritt auf eine instantia contradictoria. wie, wenn wir finden, daß das moderne England gleichzeitig durch naturwissenschaftliche und politische Bildung andere Länder überstrahlt. Ja nicht blos in ein und demselben Volke, sogar in ein und derselben Person finden wir oft der eminenten Befähigung für naturwissenschaftliche Forschung eine hohe politische Einsicht gesellt, so daß sich vielmehr der Gedanke einer Verwandtschaft des Verfahrens hier und dort mit einer kaum abzuwehrenden Macht uns aufdrängt. Pascal, der geniale Mathematiker und Physiker, thut in seinen Pensées oft überraschend tiefe Blicke in moralisch-sociale, wie überhaupt in geisteswissenschaftliche Fragen. Leibniz, der in der Mechanik die Maßformel der lebendigen Kraft bestimmt, ist zugleich der aufgeklärteste Politiker seiner Zeit, so zwar, daß er nicht blos Vergangenheit und Gegenwart am besten beurtheilt, sondern auch als politischer Prophet in die Zukunft schaut und unter Anderem die große Revolution vorherverkündet. Franklin, dem wir den Blitzableiter danken, übernimmt die erfolgreichsten diplomatischen Missionen und wird einer der hauptsächlichen Begründer der nordamerikanischen Union. Was sollen dem gegenüber ein paar vereinzelt herausgerissene Fälle?

Ja diese können um so weniger etwas beweisen, als sie selbst, jeder in seiner Art, beträchtlichen Bedenken unterliegen.

Nehmen wir den Fall der Römer. Es ist gewiß richtig, wenn der Herr Rector sagt, daß die alten Römer weniger als andere antike Völker, wie namentlich die Griechen, in der Naturwissenschaft geleistet hätten; weder einen Biologen wie Aristoteles, noch einen Physiker wie Archimedes haben sie je hervorgebracht. Daß sie aber als Forscher auf socialem Gebiete so überragend groß gewesen wären, daß sie hier Denker erzeugt hätten, welche die großen politischen Denker Griechenlands, wie z. B. unter den praktischen Politikern einen Perikles, unter den Schriftstellern einen Aristoteles übertroffen hätten, das wird mir Niemand so leicht glauben machen. Exner meint die Römer als ein unerreichtes Musterbild politischer Bildung hinstellen zu können, weil sie, wie kein anderes Volk, ein Weltreich gründeten, welches die ganze gebildete Erde und mit ihr weite Barbarenländer sich unterwarf und Jahrhunderte lang sich in seiner Macht behauptete. Beides ist unleugbar; Rom hat seine

Herrschaft riesig ausgedehnt und so fest begründet, daß man schon an ewigen Fortbestand zu glauben wagte. Wenn man nun so, wie Exner es thut[1], jeden Staat als Selbstzweck betrachtet, und darum auch vielleicht in Wachsthum und Selbsterhaltung die wesentliche Aufgabe des Staates sieht, so hat diese der römische Staat unleugbar vollkommener als andere, und insbesondere als irgend einer der griechischen Staaten gelöst. Gerade hierin aber bin ich, und sind glücklicherweise die Allermeisten durchaus anderer Meinung. Und wir glauben den Staat nicht zu erniedrigen, wenn wir vielmehr in der Beglückung und Vervollkommnung der eigenen Bürger und in dem Segen, welcher weiteren Kreisen, der Mitwelt und der fernsten Zukunft, aus dem Bestande des Staates fließt, die wahre und volle Aufgabe desselben erblicken.

Mit diesem Maßstab gemessen, wie weit ist dann das alte römische Reich, auch in der Zeit seiner höchsten Blüthe, davon entfernt gewesen, als das Ideal eines Staates gelten zu können! Wieder und wieder sehen wir es in die blutigsten Kriege nach außen oder in noch schrecklichere Bürgerkriege verwickelt; ungerecht, habgierig, treubrüchig, intolerant in der grausamst tyrannischen Weise, war es ein Fluch der Menschheit und vielen der Edelsten ein Greuel.[2]

Wo in einem Staat die gesellschaftlichen Verhältnisse sind, wie sie sein sollen, da werden sie dem Emporblühen der höchsten geistigen Bestrebungen günstig sein; die freudige Entfaltung der Wissenschaft und Kunst ist also als natürliche Folge zu erwarten. Der Herr Rector erkennt aber selbst an, daß diese im römischen Staat nur zu geringer Vollkommenheit gediehen sind. Rom hat die Bildung der glücklicher civilisirten hellenischen Staaten verschlungen, wie die

---

[1] vgl. oben S. 13.
[2] Anh. 7, S. 58.

mageren Kühe im Traume des Pharao die fetten verschlangen, ohne selbst davon fett zu werden. Wer unter solchen Umständen, blos um der größeren Ausdehnung und Kraft und um des zäheren Bestandes willen, das römische Reich über die Republik Athen erheben wollte, der würde mit ähnlichem Recht auch den Organismus eines Haifisches über den eines Menschen stellen können.[1]

Das andere Beispiel, welches uns die Kehrseite der Münze zeigen soll, entnimmt Exner dem 18. Jahrhundert. Er sagt uns, daß der Höhepunkt des naturwissenschaftlichen Aufschwunges sich hier mit dem tiefsten Stand politischer Bildung vereinigt zeige.[2] Aber auch da scheinen mir die Thatsachen, und zwar in jeder der beiden Beziehungen, mit seiner Schilderung nicht ganz übereinzustimmen.

Exner spricht dem 18. Jahrhundert jede höhere politische Bildung ab. Hat er wohl, als er dies sagte, an Leibniz, hat er an Friedrich den Großen,[3] hat er an Adam Smith, hat er an Burke,[4] hat er an Washington gedacht? — Es scheint vielmehr, daß er nur auf Europa und in ihm auf Frankreich am Ausgang des Jahrhunderts achtete. Aber auch hier wie parteiisch unvollständig sind nicht seine Berichte! Er erwähnt die Decrete des Nationalconvents, in denen sich freilich oft wenig politische Weisheit kundgab. Aber ist es nicht ungerecht, danach die ganze damalige Gesellschaft beurtheilen zu wollen?[5] Man denke in dem von ihm gepriesenen alten Rom den

[1] Anh. 8, S. 65.
[2] a. a. O. S. 49.
[3] Comte, dem die historische Schule nicht abhold ist, hat seinem Andenken, als Gründer der modernen Politik, einen seiner 13 Jahresmonate gewidmet.
[4] Exner selbst nennt (a. a. O. S. 50) diesen hervorragenden englischen Politiker des 18. Jahrhunderts neben Savigny als Musterbild echter politischer Methode.
[5] Es war eine Epoche, wo, wie Exner selbst betont, die Naturwissenschaft in hoher Blüthe und dementsprechend bei allen Intelligenten in hohen

Pöbel, in aufgeregter Zeit, plötzlich mit souveräner Macht in Händen, würde er sie wohl mit großer politischer Einsicht zu verwalten gewußt haben?[1] Und hat nicht dieselbe, oder doch eine um ein Geringes spätere Zeit in Frankreich auch den Code Napoléon geschaffen, ein Gesetzbuch, welches die Juristen zwar viel bemängelt, die Völker aber alsbald so in's Herz geschlossen haben, daß man nach der Befreiung der Rheinlande es nicht zu beseitigen wagte?[2] Und hat sie nicht zuerst jene sociale Frage gestellt, welche im 19. Jahrhundert eine wachsende Bedeutung erlangte und, wie der Herr Rector meint, die vornehmste Frage des 20. Jahrhunderts werden wird?[3] — Wer hierin Fortschritte sieht, der muß auch die Anregung der Frage selbst als einen großen Schritt vorwärts in der politischen Bildung anerkennen; und das 18. Jahrhundert hat diesen Schritt gerade in Frankreich gethan.[4]

Ehren stand. Nicht so bei den Machthabern. Als Lavoisier um einen Aufschub seiner Hinrichtung auf 14 Tage bat, damit er eine wichtige Arbeit, an welche er schon viele Jahre gewandt, zum Nutzen des Vaterlandes vollenden könne, antwortete ihm der Gerichtshof: „Die Republik benöthigt weder der Gelehrten noch der Chemiker. Der Gang der Gerechtigkeit kann nicht verschoben werden."

Hierin sprach sich gewiß eine große politische Unbildung aus; daß dieselbe aber in übertriebener Ehrfurcht vor naturwissenschaftlicher Forschung ihre Ursache gehabt habe, wäre wohl eine allzu paradoxe Behauptung. So beschließt auch der Convent in einem seiner hochtrabenden Decrete, die demokratische Republik siegreich zu machen, nicht etwa „gestützt auf die Errungenschaften der französischen Naturwissenschaft", die ihm wirklich dabei die besten Dienste leisteten, sondern nur „gestützt auf die Jugend der Bürger".

[1] Ein Plebiscit wie die Lex Genucia, aus der Zeit einer unvergleichlich milderen Fieberkrise, belehrt uns hierüber in anschaulichster Weise.
[2] Anh. 9, S. 66.
[3] a. a. O. S. 51.
[4] Anh. 10, S. 66.

Das also nach der einen Seite.

Nach der anderen aber muß ich — und jeder Naturforscher wird mir hier beistimmen — dem Herrn Rector ebenso oder noch entschiedener widersprechen: er hat unter naturwissenschaftlichem Gesichtspunkt das 18. Jahrhundert vielleicht noch mehr überschätzt, als er es unter politischem Gesichtspunkt ungerecht erniedrigt hat. Wie, das 18. Jahrhundert die Zeit des **höchsten** Aufschwunges der Naturwissenschaft? Das 18. Jahrhundert, das in der Physik noch nichts von der mechanischen Wärmelehre kannte, von der Chemie nur die ersten Anfänge sah und die Gründung einer wissenschaftlichen Physiologie gar nicht erlebte?[1] Das 18. Jahrhundert, wo die Geologie ein Märchen war,[2] das erst Lyell durch geschichtliche Wahrheit ersetzte? und wo Botanik und Zoologie, ohne wahrhaft wissenschaftliche Systeme[3] und ohne das belebende Princip der Evolution[4], die Schwelle des mannbaren Alters noch nicht überschritten hatten? —

[1] Bichat's Hauptwerk erschien 1801.

[2] Buffon gab in seiner verwegenen Art nacheinander zwei ganz verschiedene Theorien der Entstehung und Ausbildung der Erde; die letzte 1778. Beide sind längst einer verdienten Vergessenheit verfallen.

[3] Das Studium der Physiologie allein konnte in Botanik und Zoologie zu einer natürlichen Systematisation verhelfen; sie aber, wie gesagt, war damals noch nicht vorhanden. Und darum mußte selbst der große Linné beim Versuche natürlicher Ordnung` unglücklich sein, obwohl er die Methode, die zu ihr führt, schon vollkommen richtig erkannt hatte.

[4] Wohl blitzte im Kopfe des ideenreichen Lamarck schon damals der Gedanke auf. Aber man lese in Arago's selbstgeschriebener Jugendgeschichte, wie wenig zu jener Zeit selbst ein Bonaparte fähig war, den Geist des Mannes zu würdigen. Lamarck überreicht dem Consul ehrerbietig ein Werk vieler Jahre, und dieser, es ist empörend, fährt ihn wie einen Schulknaben an, so daß er die Schwäche hat, in Thränen auszubrechen. Auch ist Lamarck's berühmtestes Werk, seine „Histoire des animaux sans vertèbres" erst im 19. Jahrhundert (1815—1822) erschienen.

Wir, im Besitze aller dieser Errungenschaften des 19. Jahrhunderts, möchten hier kaum unsern Ohren trauen.

Also weder Rom noch das 18. Jahrhundert hat der Herr Rector uns irgendwie mit genügender Treue gezeichnet; und wer dies und alles früher Gesagte überdenkt, wird unmöglich mehr dieser ersten Verification eine wahre Bedeutung zuzuerkennen vermögen.

14. Aber auch der zweite Versuch empirischer Bewährung, den Exner macht, erscheint nach der zuletzt gegebenen Berichtigung hinfällig.

Exner glaubt im 18. Jahrhundert nicht blos den höchsten Aufschwung der Naturwissenschaft mit dem tiefsten Verfall politischer Bildung gleichzeitig gegeben, er meint, daß sich der schädigende Einfluß naturwissenschaftlicher Denkweise in den politischen Verirrungen jener Zeit sichtbar erkennen lasse. Der politische Rationalismus, sagt er, habe nach absoluten Lösungen der Aufgaben gestrebt, weil er gesehen, daß Mathematik und Mechanik solche schlechthin allgemeingiltige Lösungen suchten; das aber war der vor allem Anderen unheilbringende Wahn.[1]

Die Antwort hierauf ist sehr einfach.

Wir können das, was Exner sagt, zugestehen, ohne im Geringsten seine weiteren Consequenzen zuzulassen und von unserer Ueberzeugung abzugehn, daß die wahre Methode der Geisteswissenschaft, und insbesondere auch die der Politik und Sociologie, in nichts Anderem als in einem Verfahren nach Analogie der Naturwissenschaft liegen könne. Nicht daß das 18. Jahrhundert solches wollte, war der Fehler, sondern daß es, indem es solches wollte, es nicht wirklich that.[2] Dasselbe Uebersehen, dessen, in einer heute

---

[1] Anh. 11, S. 68.
[2] Dies zeigt hier einen Fortschritt ähnlich denen, von welchen Anh. 10, S. 66 gesprochen wird.

etwas schwer begreiflichen Weise, der Herr Rector sich schuldig machte, das konnte damals viel leichter von den Politikern begangen werden; und gar manche mögen ihm wirklich verfallen sein, indem sie neben der dazumal allein vollentwickelten Mechanik die andern naturwissenschaftlichen Wissenszweige nicht beachteten, um durch sie über das Verhalten bei Fällen von hoher Verwicklung und unvollkommener Kenntniß der Vorbedingungen belehrt zu werden. Also nicht der Umstand, daß damals die höchste Höhe naturwissenschaftlichen Aufschwunges erreicht war, sondern der, daß die Naturwissenschaft damals von solchem Höhepunkt noch allzuweit entfernt war, macht jene Mißgriffe verständlich. Und somit ist es klar, daß man nicht das geringste Recht hat, an die damals eingetretenen Mißstände die Besorgniß zu knüpfen, daß auch heute der Sociologe irrgehen werde, der in einem Verfahren nach dem Vorbilde der Naturforschung sein Heil sucht.

15. Oder stiftet dennoch das Forschen nach naturwissenschaftlicher Methode auf dem moralisch-politischen Gebiete sichtlich auch heute Schaden und Verwirrung? — Exner behauptet es, ohne es aber, wenigstens was deutsche Wissenschaft betrifft, anders als durch Beispiele jener, wie er sagt, „verschrobenen" Ausdrucksweise zu belegen, die er als „Zopf" bezeichnet, und die wesentlich darin besteht, daß man gewisse in der Naturwissenschaft gebräuchliche Termini in der Benennung politischer Phänomene nachahmt.

Dieser Zopf ist er denn aber etwas gar so Schlimmes, gar so Verdammliches? — Ich glaube kaum, und möchte mich sogar anheischig machen, etwas Aehnliches wie diesen „Zopf", wenn wir einmal den Namen gelten lassen wollen, schon bei dem geschmackvollen Platon und dem in seinen Terminis wählerischen Aristoteles nachzuweisen. Ja Exner selbst — so sehr ist die Uebertragung gewisser Ausdrücke vom physiologischen auf's politische Gebiet nahegelegt — verfällt in seiner Sprechweise unwillkürlich ein wenig in den von ihm verpönten Zopfstyl, wenn er S. 24 sagt, wir fühlen uns „als ein lebendiges Atom im Leibe des siegenden oder fallenden, gesunden oder kranken, vor- oder rückwärtsschreitenden Ganzen" — nämlich des Vaterlandes.[1] Und so ist es denn gewiß auch das größte Unglück nicht, wenn Scheffle in einem anerkannt bedeutenden Werke vom „Bau und Leben des socialen Körpers" die technische Terminologie physiologischer Systeme benützt; abgesehen davon, daß es dem Herrn Rector zu einigen recht artigen Scherzen Gelegenheit bietet.[2]

16. So wären wir denn auch in Ansehung des zweiten Punktes zu einem uns beruhigenden Ergebnisse gelangt. Bleiben wir nur unserer Ueberzeugung und der Ueberzeugung der philosophischen Gegenwart treu, daß nur ein Verfahren nach Analogie der Naturwissenschaft der Geisteswissenschaft zum Heile gereichen könne! Das goldene Zeitalter der Philosophie, welches der Herr Rector hinter uns gelegen glaubte, wird dann vielmehr vor uns liegen, und die Zukunft wirkliche Lösungen von Fragen geben, über welche jene „classische Zeit" nur in arrogantester Weise abzusprechen wußte. Die Ausführungen der Rede enthalten nach den Erörterungen, in welche wir eingegangen, sicher nichts, was geeignet wäre, unser Vertrauen zu erschüttern.

Ja noch mehr; ich darf sagen, daß sie, genau betrachtet, eine Bekräftigung dafür sind. Denn mit Befriedigung werden Sie bereits erkannt haben, was ich aber doch auch noch ausdrücklich hervorzuheben verpflichtet bin, daß der ausgezeichnete Gelehrte, dem ich

---

[1] Auch Savigny nennt den Staat ein „organisches Wesen" und spricht von einer „Gesundheit" des Staates (Ber. u. Zeit. f. Gesetzgeb., 3. Aufl., S. 42) und ähnlich a. and. O.

[2] a. a. O. S. 46. Anh. 12, S. 68.

mehrfach entgegentreten mußte, im Grunde genommen die naturwissenschaftliche Forschungsweise auf dem Gebiete der Geisteswissenschaft selbst wesentlich für die richtige hält.

Hören Sie insbesondere noch folgende schöne Stelle: „Hier [auf dem moralisch-politischen Gebiet] wie auf jedem Gebiet menschlicher Erkenntniß," sagt er S. 35, „kommt es auf die Causalzusammenhänge an, die nur mittelst methodischer Beobachtung des wirklichen Geschehens erkannt werden: einer Beobachtung, die freilich auf diesem Gebiete ihre besonderen Schwierigkeiten hat, wegen der Uebersinnlichkeit der Objecte, wegen der Unmöglichkeit, die Erscheinungen durch das Experiment zu isoliren, wegen des weiten Abstandes von Ursachen und Wirkungen." — Welcher Anhänger unserer Richtung könnte hier nicht jedes Wort unterschreiben?[1] Wenn Exner trotzdem die naturwissenschaftliche Methode verwirft, so kommt dies daher, weil er mit dem Namen speciell das Verfahren auf dem Gebiete der rationellen Mechanik bezeichnet. So haben wir zunächst einen Streit nur im Worte, obwohl ich nicht leugnen kann, daß die ungewöhnliche, und wohl darum auch unpassende, Ausdrucksweise im Verlauf zu sachlich irrigen Consequenzen verleitet. Principiell aber sind und bleiben wir eigentlich einig.

17. Und wenn ich hierüber mich freue, so kann ich von dem vielen Trefflichen, was die inhaltreiche Rede umschließt, noch ein anderes Moment nicht unerwähnt lassen, nämlich daß Seine Magnificenz in einer in unsern Tagen nicht eben gewöhnlichen Weise ihre Ueberzeugung von dem besonderen Adel der Philosophie

---

[1] Wenn ich dies sage, so gebe ich den Worten „auf jedem Gebiet menschlicher Erkenntniß" eine im Zusammenhang wohl selbstverständliche Beschränkung. Wissenschaften, die gar nichts mit ursächlichen Verhältnissen zu thun haben, sondern, wie die reine Mathematik, nur Größenverhältnisse erforschen, sind nicht einzubeziehen.

zu erkennen gibt. Von den ersten Decennien des Jahrhunderts, sagt der Herr Rector, daß damals Alles nach philosophischer Bildung verlangte; und so habe sich in jenen Zeiten insbesondere auch „jeder Student, mochte er sonst Theologe, Jurist, Mediciner u. s. w. sein," „vor Allem in den tonangebenden großen Collegien sein Theil an philosophischer Bildung" geholt. „Das," sagt er, „ist dahin." Dann aber fügt er die Worte bei: „Aber muß und darf der Thron leer bleiben, von dem eine Königin herabstieg?"[1] Diese Frage erscheint beim ersten Blicke befremdend, ja wie ein Widerspruch. Denn von der Jetztzeit, wie wir uns erinnern, hatte er uns nicht gesagt, daß sie eines einheitlich dominirenden wissenschaftlichen Interesses entbehre, sondern daß Alles in ihr, selbst die bürgerliche Hausfrau, nach naturwissenschaftlicher Bildung lechze. Man sollte also vielmehr erwarten, Exner werde sagen: „Aber von dem Throne von dem eine Königin herabstieg, hat bereits, als eine andere Königin, die Naturwissenschaft Besitz ergriffen." Nein! der Thron erscheint ihm leer. Um unter den wissenschaftlichen Disciplinen an der Universität als Königin geehrt zu werden, dazu genügt ihm offenbar nicht die allgemeine Theilnahme, die eine Wissenschaft findet: es muß noch eine andere Bedingung erfüllt sein, welche nicht wohl in etwas Anderem als in der besonderen Würde bestehen kann, die der Gegenstand ihr verleiht. Nur eine Geisteswissenschaft, meint er, könne darum rechtmäßige Königin der Wissenschaft genannt werden. Und so meldet er seine „politische Wissenschaft" als etwaige Erbin der Philosophie, der sichtlich hier, ob dem hohen, königlichen Adel ihrer Bestrebungen, eine Huldigung gebracht wird, die der Redner selbst der hochangesehenen Naturwissenschaft zu bringen sich weigert.

Mit diesem Gefühl für die überragende Würde unserer Wissenschaft können wir nicht anders als auf's Lebhafteste sympathisiren.

---

[1] a. a. O. S. 54.

Es beruht auf Wahrheit. Und diese Wahrheit bleibt, auch wenn manches Andere, was die gedankenreiche Rede aussprach, sich uns als minder haltbar erwiesen hat.

Möge sich auch die Prophezeiung von der hohen politischen Bildung des kommenden Jahrhunderts bewähren! Darin läge, bei dem Zusammenhang, der nach meiner Ueberzeugung zwischen der Politik und den anderen, und insbesondere den theoretischen Geistes-wissenschaften besteht, beschlossen, daß die Philosophie im 20. Jahrhundert nicht blos als theoretische Königin wieder mächtiger das Scepter führen, sondern auch eine praktische Herrschaft gewinnen werde, wie sie selbst vergangene Jahrhunderte noch niemals geschaut haben.

Anhang.

Anmerkungen.

1. Zu S. 9, 1. Mit dem Fortschritte der Wissenschaft mehren sich die akademischen Bedürfnisse. Im Jahre 1874 an die Universität berufen, war ich noch nicht lange in Wien, als ich das Ministerium um ein Institut für experimentelle Psychologie ersuchte. Hätte dasselbe sich damals bewogen gefunden, meiner Anregung Folge zu geben, so würde Wien den sämmtlichen deutschen Hochschulen damit vorangeeilt sein. Heute haben Wundt in Leipzig, Stumpf in München, Elias Müller in Göttingen, Lipps in Breslau, und Andere anderwärts ihr psychologisches Cabinet, und in Wien ist noch nicht der geringste Anfang dazu gemacht. Der Lehrer ist außer Stande, den Schüler in experimentelle Forschung auf psychologischem Gebiete einzuführen, und der Forscher sieht sich in den wichtigsten Untersuchungen aufgehalten, so oft eine Frage gewisse experimentelle Arbeiten unbedingt erheischt. Das sind denn doch wahrhaft schreiende Mißstände!

In welcher Weise die Universität Wien in philosophischer Hinsicht kümmerlichst versorgt ist, mag auch der Vergleich mit einer österreichischen Schwesteruniversität klar machen.

	Wiener Universität	Prager Universität[1]
Zahl d. Studirend. im Wintersemester 1891/92	6220	1460
Zahl der ordentl. Professoren der Philosophie	1	3
Philosophische Seminarien	0	1
Psychologische Institute	0	1

[1] mit deutscher Unterrichtssprache.

Möchten diese Daten, allgemeiner beachtet, die öffentliche Meinung veranlassen, die Interessen der Universität in dieser wesentlichen Beziehung wirksamst zu unterstützen! Wenn die Beredtsamkeit Exner's das Ministerium gegen die Möglichkeit naturwissenschaftlicher Forschungsweise auf dem Geistesgebiete einnehmen, und dadurch die wohl unzweifelhaft jetzt geplante Dotation eines psychologischen Instituts hintanhalten sollte, so würde dies als eine schwere Schädigung der österreichischen Wissenschaft zu beklagen sein.

2. Zu S. 18, 1. Der Gedanke des einheitlichen Gottes für alle Erdenbewohner erwies sich mit der Beschränkung des geistlichen Reichs auf ein einzelnes Land und Volk auf die Dauer unverträglich, und der Seherblick, der einem Malachias die in dem religiösen Cultus geeinigte Menschheit zeigt, muß darum gewiß kein Aufblick zu einem staatlichen Herrscherthrone gewesen sein.

Exner freilich nennt die katholische Kirche selbst eine politische Macht (S. 44); aber das ist, wie er auch vielleicht nicht leugnen wird, sehr uneigentlich gesprochen. Staat und Kirche sind vielmehr zwei ganz heterogene Erscheinungen; das Evangelium spricht es deutlich aus, und je mehr die kirchlichen Würdenträger sich dessen bewußt blieben, um so segensreicher konnten sie wirken. Andere sind die Waffen, mit denen die Kirche normalerweise kämpft und sich ausbreitet, andere die Bande, durch die sie ihre Einheit naturgemäß knüpft und erhält. Die Speculationen der Historiker über die Unentbehrlichkeit der Traditionen des alten Römerstaates zum Werden und Bestehen der katholischen Kirche sind darum eher alles Andere als ein rechtskräftiger Beweis zu nennen. Ja die Geschichte zeigt, daß für die Kirche und ihre Mission nichts gefährlicher wäre, als wenn weltliche Traditionen Roms sich verunreinigend mit seinen geistlichen Traditionen vermengen wollten. Daß römische Jurisprudenz (oft mißverstanden) das Kirchenrecht beeinflußt hat, ist richtig; daß ohne sie kein Kirchenrecht möglich geworden wäre, ist aber damit nicht erwiesen oder auch nur wahrscheinlich gemacht; das aber ist der Punkt, auf den es hier ankäme.

3. Zu S. 18, 3. Von welchem Theil der alten Welt könnte man sagen, daß Rom ihn „verjüngt" habe? — Von Unteritalien? — Dies wurde vielmehr von ihm in seiner Vollkraft gebrochen; fand es doch in Syrakus einen Archimedes vor, durch dessen Tod die Welt mehr verlor, als ihr ein römischer Forscher jemals zu ersetzen vermochte. — Oder vom eigentlichen Hellas? — Dies, in der That, traf es im Verblühen. Aber weder ihre Dichter sind den Athenern wieder= erstanden, noch haben sie in dem Neuplatonismus Anderes als das Zerrbild philosophischer Denkthätigkeit gesehen. — Oder soll vielleicht (da an eine Verjüngung Spaniens, Galliens, Britanniens offenbar nicht zu denken ist) die lateinische Literatur uns als eine Verjün= gung griechischen Geisteslebens gelten, weil sie, ohne ursprüngliche Kraft, wesentlich nachahmend sich bethätigte? Aber sollte man hieraus nicht vielmehr das gerade Gegentheil entnehmen? Eines ist Imitation, Anderes ist Renaissance. Gerade die bleibende Unselbstän= digkeit zeigt, daß zu wahrer Verjüngung bei den Römern die Be= dingungen fehlten. — Doch hüten wir uns vor einem Wortstreite! Jedenfalls waren der in Virgil „verjüngte" Homer und der in Seneca „verjüngte" Euripides nicht etwas, was den Römern ein Recht geben konnte, ihre Leistungen neben die der Griechen zu stellen. Am besten gelang ihnen noch die Nachahmung in untergeordneten Zweigen, was Horaz mit seinem gesunden Sinne sehr wohl erkannt und (Buch IV, Ode 2) mit edler Aufrichtigkeit ausgesprochen hat. „Pindarum, quisquis studet aemulari" 2c.

4. Zu S. 19, 1. Exner unterläßt es natürlich nicht, auch dieses römische Recht unter den Ruhmestiteln des gewaltigen Volkes geltend zu machen. Dagegen schweigt er von den Verdiensten Roms um die Ausbildung der Feldherrnkunst, obwohl auf diesem Gebiet seine glänzendsten Talente sich bethätigt haben. Offenbar geschieht dies darum, weil er erkennt, daß die Strategie, trotz ihrer großen praktischen Bedeutung, mit Naturwissenschaft und schöner Kunst denn doch nicht wohl in eine Linie gestellt werden kann. Daß keine Universität

einen Lehrstuhl ihr gewidmet hat, zeugt genugsam für ihren geringeren Anspruch auf allgemeine Theilnahme.

Aber muß nicht ähnlich auch von der Rechtswissenschaft gesagt werden, daß sie sich zwar mit praktisch Wichtigem, aber, in sich selbst betrachtet, wenig Anziehendem und im Vergleich zu den „unbegreiflich hohen Werken" der Natur und den unerschöpflichen Reichthümern des Gemüthes ganz Unansehnlichem befasse? — Jhering, der ihr doch selbst sein Leben geweiht, ist unbefangen genug, dies zu bekennen. „Welch ein armseliges Ding," sagt er (Geist d. röm. Rechts, III, 1, S. 320, Anm.), „wäre es . . um den Willen, wenn die n ü ch t er n en und n ie d e r e n R e g i o n e n des R e ch t s das eigentliche Gebiet seiner Thätigkeit bezeichneten!" In der That glaube ich, daß unter den Laien eine größere Zahl sich finden ließe, die sich für die Kriegskunst eines Cäsar als für die Rechtskunst eines Scävola und Rufus interessirte.

Doch, mag die Feldherrnkunst die glänzendere sein, die Rechtskunst ist, allgemein gesprochen, gewiß ungleich wichtiger. Und es liegt mir fern, die hohen Vorzüge des römischen Rechts, für die Exner (S. 48) sich begeistert, und seine eminente Bedeutung für die Jurisprudenz aller späteren Zeiten in Abrede stellen zu wollen.

Aber ihm diese Eigenschaft zuerkennen heißt noch lange nicht Exner beistimmen, wenn er sagt, die Römer hätten „in Jahrhunderte lang fortgesponnener genialer Arbeit die Rechtsbegriffe gebildet, welche den Verkehr der civilisirten Welt beherrschen".

Man erkennt wohl sofort, daß Exner hier nicht wörtlich zu nehmen ist; er hat, im Gegensatz zu der poetischen Figur einer Pars pro toto, einer rhetorischen sich bedient, die ein Totum pro parte bietet und, zwar vielleicht nicht seltener im Gebrauch, aber, wenigstens bei wissenschaftlicher Rede, von zweifelhafterem Werthe ist. Es ist gewiß nicht richtig, daß die alten Römer a l l e unsere heute herrschenden Rechtsbegriffe geschaffen oder auch nur gekannt haben, da uns vielmehr andere andersher überkommen, wieder andere erst dem modernen Leben entsprungen sind.

Doch was wirklich im alten römischen Recht uns überliefert wurde, bleibt jedenfalls mehr als genug, um ihm eine in seiner Art unvergleichliche Bedeutung zu sichern. Wenn wir aber darauf hin von einer „genialen Arbeit der Römer" sprechen sollen, so werden wir zuvor ein Doppeltes zu berücksichtigen haben:

Erstens müssen wir darauf achten, wie viel von dem im römischen Recht Ueberlieferten nicht sowohl als Werk der Römer selbst zu betrachten, als vielmehr anderen Völkern und insbesondere den früher vorgeschrittenen Griechen zuzuschreiben ist. Schon beim Zwölftafelgesetz war griechischer Einfluß fördernd. Eine römische Gesandtschaft hatte ja Großgriechenland und Hellas besucht, um von den griechischen Gesetzen Kenntniß zu nehmen; und wenn es eine Thorheit war, zu glauben, die Decemvirn hätten dann einfach die griechischen Gesetze copirt, oder wenigstens Vieles ohne Weiteres auszugsweise daraus entnommen (da ja doch das römische Gesetz dem eigenthümlich römischen Charakter und den besondern römischen Lebensgewohnheiten angepaßt sein mußte), so war es andererseits ebenso verkehrt oder noch verkehrter, wenn man dann auf die Meinung kam, die ganze Reise der Gesandten sei ohne jede größere Bedeutung gewesen. Denn die von griechischer Rechtsweisheit ausgearbeiteten Gesetzessysteme konnten sowohl in ihrem technischen Aufbau als in ihrer Harmonie mit dem Geiste des Volkes als Vorbilder dienen, auch wenn (was ebenfalls nicht richtig ist) kein Satz unverändert herüber zu nehmen war. Lykurg hätte den Athenern, Solon den Spartanern sicher ganz andere Gesetze gegeben, als die, welche jetzt ihre Namen tragen, und so ist denn auch der alte Bericht, daß Hermodorus, nach dem Zeugnisse Heraklit's der beste Mann in Ephesus, durch Ostracismus aus seiner Vaterstadt vertrieben, bei der ersten Fassung des römischen Rechtssystems eifrig mitgewirkt habe, sicher wenigstens darum nicht unglaublich, weil nur echt römische Rechtsanschauungen darin zum Ausdrucke gelangten. Je mehr dies der Fall war, um so bewundernswerther gerade würde die Einsicht und Geschicklichkeit des Griechen, und um so größer auch das Verdienst, welches in ihm der griechische Geist sich um die römische Rechtsentwicklung erworben hätte, erscheinen.

Doch diese Förderung war jedenfalls nicht die einzige; mächtiger noch, und zugleich ganz unwidersprechlich erwiesen, ist die, welche das römische Recht später durch die Berührung mit dem Rechte der vorgeschritteneren hellenischen und hellenisirten Staaten erfuhr. Das „jus gentium", welches neben dem „jus civile" sich ausbildete, war ganz anderen Geistes, ja mit seiner „aequitas" in einem ähnlichen Gegensatz zu dessen verfänglichem und rigorösem Formalismus, wie die Behandlung ethischer Fragen bei Jesus zu jener in der pedantisch rabulistischen Casuistik der Pharisäer. Seine Ueberlegenheit machte sich dem Volke und den Juristen Roms mehr und mehr fühlbar und erzeugte die seltsame Kluft zwischen dem „jus honorarium" der Prätoren und dem „jus civile", dessen todten Buchstaben das lebendige Walten berichtigte. Es war eigentlich ein Kampf, in welchem der fremde Geist des „jus gentium" siegreich erobernd in das Gebiet des „jus civile" eindrang, bis er, durch das „jus extraordinarium" der Kaiser unterstützt, sich schließlich zum alleinigen Herrn des Ganzen machte.

Wie viel das römische Recht solchen verdankt, die nicht im engeren und nationalen Sinne Römer waren, zeigt auch das Verzeichniß der berühmten Rechtsgelehrten. Von den fünf großen classischen Juristen, die das Citirgesetz Valentinian's III. und Theodosius' II. (426 n. Chr.) als maßgebende Autoritäten aufführt, waren Gajus und Modestinus Griechen, Ulpian ein Phönizier, und auch Papinian, der größte unter allen, von dem gerühmt wird, daß er, statt nach hergebrachter Art die Worte zu pressen, sie kühn bei Seite werfe und aus höheren Principien die Entscheidung schöpfe, ein Asiate. Nur der einzige Paulus war aus Italien, und nicht einmal er aus Latium, sondern aus dem Gebiet der Gallia cisalpina gebürtig. Das spricht denn doch nicht allzusehr dafür, daß die römische Rasse vor allen andern antiken Nationalitäten für juridische Denkarbeit genial beanlagt gewesen wäre. Und dazu stimmt es dann auch noch recht artig, daß Justinian, der durch seinen Codex für das römische Recht das geleistet hat, was die Römer nach Exner für die antike Cultur geleistet haben sollen, nämlich daß er es uns in die moderne Zeit herüberrettete, ebenfalls nicht von römischer Nationalität, sondern ein Slave gewesen ist. Er hieß mit seinem Familiennamen Upravda.

So viel unter dem einen Gesichtspunkt.

Zweitens aber, und vornehmlich, müssen wir in's Auge fassen, in welcher Art von Entwicklung das römische Recht seine allmälige Ausbildung erfuhr. Ich selbst theile die Ansicht sehr bedeutender und von Exner hochgeschätzter Juristen, wenn ich glaube, daß es dabei ganz ähnlich wie bei der Entwicklung einer Sprache zugegangen sei. Wer aber hätte eine solche, auch wenn sie sich wohllautend, sein organisirt und praktisch dienlich zeigte, jemals als Werk „durch Jahrhunderte fortgesponnener genialer Arbeit" gerühmt? Eine Art natürliche Zuchtwahl ist es, was sie von schwachen, fast structurlosen Anfängen zu höchster Durchbildung führt. Das Gesetz der Gewohnheit vertritt dabei Darwin's Gesetz der Vererbung, und zwar, da ihm nicht blos eine Tendenz zur Erhaltung und Vervielfältigung des Gleichen, sondern auch zur Production von Analogem innewohnt, mit wesentlich gesteigerter Vollkommenheit. Gewiß erscheint auch der Ausdruck „Zuchtwahl" auf sprachlichem Gebiete etwas minder uneigentlich angewandt als auf phylogenetischem, insofern dort wirklich fort und fort ein gewisses Wählen statt hat. Und so kann man bei einer Sprache, und ähnlich dann bei der Ausbildung eines Rechtes wie das der alten Römer, mit allem Fug auch von einer „Denkarbeit" reden. Aber diese Denkarbeit, auch wenn sie, durch Jahrhunderte fortgesetzt, von wachsendem Erfolg begleitet war, sollte sie wohl den erhabenen Ruhmestitel der Genialität verdienen? Was soll daran so gar befremdlich sein, wenn eine unter wechselnden und mehr und mehr sich complicirenden Verhältnissen ausnahmsweise lang fortgesetzte Selection eine zu ausnahmsweiser Vollkommenheit durchgebildete Organisation hat entstehen lassen? Müssen wir da wirklich einen eminent überlegenen Geist der Wählenden annehmen, oder genügt der Gedanke, daß der an jede ungeeignete Verfügung geknüpfte empfindliche Schaden bei der Bewegung als mächtiger Regulator wirkte? Bei gar manchem „responsum" versagte die sententia communis, und es ist niemals „jus" geworden; und Aehnliches gilt auf cautelarischem Gebiete.

Außer den Gewohnheiten des privaten und öffentlichen Lebens kam bei der Bildung der römischen Rechtsbegriffe wohl auch noch die wissenschaftliche Thätigkeit der Rechtslehrer in Betracht. Wie weit aber diese Männer, und selbst die gefeiertsten unter ihnen, als Denker hinter einem Aristoteles zurückstanden, wird Niemand verkennen, der z. B. beachtet, wie sie alle gewisse Vorbegriffe der griechischen Philosophie zu entlehnen pflegten, welche (ihre Verehrer selbst versichern es uns) zum Geiste ihrer besonderen Rechtsanschauungen nicht paßten, ohne daß diese Disharmonie ihnen auch nur im Geringsten fühlbar geworden wäre (vgl. z. B. Bluntschli, „Recht, Rechtsbegriff" in seinem Staatswörterbuch, VIII, S. 490). Auch Savigny findet, die römischen Juristen hätten, obwohl die Begriffe weder verschwommen noch schwankend gewesen, es meist nicht zu Stande gebracht, sie treffend zu definiren (Vom Ber. uns. Zeit f. Gesetzgebung, 3. Aufl., S. 29). Ebenso zeigt der Vergleich der Aristotelischen Lehre von der Entstehung des Staates mit der Ansicht, welche die Römer darüber hatten (Cic. de inv. lib. I, cap. 2) den griechischen Denker in seiner eminenten Ueberlegenheit; und gerade einem Anhänger der historischen Schule, sollte man meinen, müsse sie hier besonders deutlich werden. So verwahrt denn auch Savigny (Vom Ber. uns. Zeit f. Gesetzg. u. Rechtsw., 3. Aufl., S. 50), wo er die juristische Literatur der Römer der deutschen gegenüber hocherhebt, sich nachdrücklich dagegen, hiermit behaupten zu wollen, daß die römischen Juristen den unseren geistig überlegen gewesen seien. „In dieser Ansicht," sagt er, „liegt keine Herabsetzung [der deutschen Juristen gegen die römischen], denn unsere Aufgabe ist in der That sehr groß, ohne Vergleichung schwerer als die der römischen Juristen war."

Damit das Recht zu einem so vollkommen durchgebildeten Organismus erwachse, wie er im römischen Recht des 3. Jahrhunderts n. Chr. sich uns darstellt, ist ein Doppeltes erforderlich: einmal eine reiche und vielfältige Erfahrung, dann ein reservirtes laisser aller von Seite der Gesetzgebung und Wissenschaft, welches, statt durch energisches Aufsuchen der Principien und Entwickeln fernliegendster Consequenzen den systematischen Aufbau zu beschleunigen, die Erfahrungen selbst sich in natürliche Wechselwirkung setzen läßt. Wie in erster Beziehung durch den längeren Bestand und die weitere Ausbreitung ihrer Herrschaft, so waren die Römer in der zweiten durch ihren geringeren Wissensdurst wohl ungleich besser als die Griechen zu solcher Arbeit befähigt. Denn war das praktische Bedürfniß des Augenblicks befriedigt, so lag ihnen die Verallgemeinerung und der systematische Aufbau des Ganzen wenig am Herzen. Ob aber diese größere Befähigung als genialere Geistesanlage gepriesen werden könne, scheint mir mehr als zweifelhaft. (Vgl. auch Jhering's Urtheil, Geist d. röm. Rechts, 2. Aufl., I, S. 339 f.)

Wir haben hier einen ähnlichen Unterschied der Dispositionen, wie den, der dem römischen Stuhle den griechischen Patriarchen gegenüber zu Gute kam. Der lebhafte Eifer, der bei den Orientalen für die Ausbildung der dogmatischen Theologie bestand, contrastirt auffallend gegen die ruhige Zurückhaltung Roms. Selbst Papst Gregor der Große war darum, verglichen mit den Kirchenvätern von Constantinopel, Antiochien, Alexandrien, eine wenig glänzende wissenschaftliche Erscheinung. Aber während die Orientalen in den ersten christlichen Jahrhunderten wiederholt durch überstürzte und extravagante Behauptungen sich compromittirten, hat das still zuwartende Rom, abgesehen von seiner Unfehlbarkeit, schon durch sein wissenschaftliches Phlegma sich ungleich leichter und vollkommener in den Grenzen der Mäßigung halten und im Einklang mit der sententia communis sein Urtheil abgeben können.

5. Zu S. 20, 1. Es war in der Zeit des beginnenden Culturkampfes, als ich Fechner in Leipzig besuchte, und das Gespräch wandte

sich auch der Tagesfrage zu. Fechner zeigte sich darüber tief betrübt; nicht etwa als ob er den Versuch Bismarck's in seinem kläglichen Ende vorausgesehen hätte, vielmehr weil er für die Kirche, deren Kraft er, wie damals so Viele, unterschätzte, den Untergang erwartete. Von den Bischöfen meinte er, sie seien bereits zu aufgeklärt, um noch recht eigentlich an ihre Sache zu glauben. Nicht um in sträflicher Weise zu heucheln, wohl aber nur um die moralisch segensreiche Einwirkung des Christenthums auf die Massen nicht zu schwächen, bewegten sie sich noch in den von der Orthodoxie vorgeschriebenen Formen. Eine solche Gesinnung aber, dachte er wohl nicht ohne Grund, sei von der begeisterten Ueberzeugung der ersten Märtyrer allzuweit entfernt, um nicht die Kirche, beim ersten heftigen Zusammenprall mit der staatlichen Gewalt, wie ein thönernes Gefäß am eisernen zerschellen zu lassen. Unsere Zeit, fügte er bei, sei aber durchaus nicht darnach angethan, einer idealen Macht, wie die katholische Kirche, ohne schwerste Schädigung der Gesellschaft zu entbehren.

Ich war in der Lage, ihn auf Grund weitreichender Erfahrung in vielen Beziehungen des Gegentheiles zu versichern, und namentlich sagte ich ihm auch voraus, daß die katholische Kirche Deutschlands siegreich und gestärkt aus dem Kampfe hervorgehen werde. Obwohl noch immer nicht ganz beruhigt, freute sich doch Fechner in dem Gedanken, daß Jemand, der mehr als er selbst hier die Chancen zu wägen in der Lage sei, ihm solche Aussichten eröffnet habe.

6. Zu S. 20, 3. Im Jahre 1873 hatte man berechnet, daß Alles in Allem, Städte und Landgemeinden gleichmäßig in Ansatz gebracht, die kirchlich Gläubigen in Frankreich nahezu ein Drittheil des Volkes bildeten. Das war, wie auch Albert Sorel, der Verfasser der Histoire diplomatique de la guerre franco-allemande, da er mir dies mittheilte, hervorhob, immerhin eine sehr ansehnliche Masse. Ihre besondere moralische Tüchtigkeit hatte sich gerade damals durch die im Kriege bewiesene Tapferkeit glänzend erprobt, und auch unter den Freidenkern konnte kein einsichtiger Patriot wünschen,

daß die Kirche behindert würde, ihren segensreichen ethischen Einfluß auf sie auch ferner noch zu üben. Aber die zwei Drittheile, bei denen ihr Einfluß Null war, sollte die sittliche Erziehung dieser factisch Ungläubigen gar keine Fürsorge erheischen? — Wenn Einer dies leugnen wollte, indem er vielleicht meint, es wäre gut, wenn der Staat diesen Theil der Bevölkerung gänzlich ethisch verkommen und verwildern ließe, damit dann schließlich der rettende Arm der Kirche angerufen werde, so würde er wahrlich zu einem sehr gefährlichen Experimente rathen. Und nur ein Fanatismus könnte es empfehlen, der weit von dem hohen ethischen Sinn der katholischen Kirche abirrt. Wie bekannt, hat sie es von Alters her als ein schweres Verbrechen bezeichnet, ein Judenkind gegen den Willen der Eltern zu taufen. Warum dies, da sie doch lehrt, daß Jeder vor Allem ein Kind Gottes, und die Taufe für Alle bestimmt sei? Ihre Theologen, wie insbesondere auch Thomas von Aquino, begründen es damit, daß das Kind einer ethischen Erziehung bedürfe und die Eltern die natürlichen Erzieher der Kinder seien. Man sieht, der Geist der Kirche freut sich nicht an der Verwahrlosung der Moral bei Jenen, die nicht an ihr hangen. Ein eigennütziges Interesse ist ihr dabei gewiß nicht maßgebend; aber doch ist ihr Verhalten auch unter dem Gesichtspunkt einfacher Klugheit das allein entsprechende. Denn wenn sie unter den Ungläubigen Freunde findet, die sich mit dagegen zur Wehre setzen, daß sie ungerecht bedrückt werde, so sind es gewiß nicht die sittlich Verkommenen, sondern Solche, welchen die Liebe zum Guten, die sie beseelt, für das Edle in der Kirche Sinn und Verständniß gibt. So muß es denn gewiß von jedem Einsichtigen gebilligt werden, wenn der französische Staat einen ethischen Unterricht auch für jene zwei Drittheile nothwendig gefunden hat. Etwas Anderes freilich ist die Frage, ob die Lehrbücher, die jetzt in Frankreich dafür erscheinen, wirklich das sind, was sie sein sollten. Selbst Jodl, wenn er die Moral der Kirche bemängelt, scheint denn doch auch von diesen Producten der Aufklärung nicht eben gar erbaut zu sein.

Ich selbst freilich fände noch weit mehr an ihnen zu tadeln, und insbesondere erachte ich jeden polemischen Seitenblick auf die positiv christliche Moral für Etwas, was ebenso sachlich ungerechtfertigt ist, wie es der besonderen Bestimmung solcher Lehrbücher zuwiderlaufen würde.

Der Reichskanzler Caprivi scheint in einem vielbesprochenen Worte leugnen zu wollen, daß es überhaupt eine natürliche Moral geben könne, die sich wirksam und darum auch für Staatszwecke förderlich erweise; und mit Befremden hörte ich, daß theologisch gebildete Männer ihm hier applaudirten. Diese wenigstens hätten wissen sollen, daß er hier mehr, als die positive Religion selbst, für sie in Anspruch genommen hat. Bossuet, der beredte Eiferer für die Sache der Kirche, sagt in seiner Histoire universelle (III, 5): „Ce que fit la philosophie, pour conserver l'État de la Grèce, n'est pas croyable. Plus ces peuples étaient libres, plus il était nécessaire d'y établir par de bonnes raisons les règles des moeurs et celle de la société. Pythagore, Thalès, Anaxagore, Socrate, Archytas, Platon, Xénophon, Aristote, et une infinité d'autres, remplirent la Grèce de ces beaux préceptes. Il y eut des extravangants, qui prirent le nom de philosophes: mais ceux qui étaient suivies étaient ceux qui enseignaient à sacrifier l'intérêt particulier et même la vie à l'intérêt général et au salut de l'État: et c'était la maxime la plus commune des philosophes, qu'il fallait ou se retirer des affaires publiques, ou n'y regarder que le bien public.

7. Zu S. 34, 2. Wenn wir den römischen Staat als einen Musterstaat, als ein Meisterwerk höchster politischer Weisheit, bewundern sollen, so möchte ich fragen, wann und in welcher Verfassung er uns als ein solches erscheine? — Etwa zur Zeit wilder Barbarei, wo das rechtliche Walten der Könige im Uebermuth, und der Uebermuth in jähem Sturze endet, und schon unter den Decemvirn das gleiche Schauspiel mit neuen Greuelscenen wiederkehrt? — Oder da, wo der Druck des Patriciers dem Plebejer unerträglich wird,

beide Stände in mehr als hundertjähriger Feindschaft hadern, die eges sacratae den Staat spalten, und wiederholte Secessionen auch den letzten politischen Verband in Frage stellen? — Oder etwa dann, da in dem Sieg der Gerechtigkeit der innere Frieden gewonnen scheint, aber in dem Streit der Vornehmen und Niederen sofort ein neuer Kampf entbrennt, ein Kampf, der nicht zu allgemeiner Freiheit führen soll, sondern die allgemeine Knechtschaft vorbereitet? — Erscheint uns die römische Politik vielleicht da in ihrer Höhe, wo die Engherzigkeit der Altbürger den latinischen und den Bundesgenossenkrieg heraufbeschwört (man vergleiche hier die höhere Weisheit Alexander's des Großen), und der Mangel staatlicher Obsorge die Schlächtereien des Sclavenkrieges zur Folge hat; wie denn die proconsularische Verwaltung der Provinzen selbst in dem nahen Sicilien verrinische Zustände ermöglichte? — Oder sollen wir das römische Gemeinwesen dann ob seiner Vollkommenheit beneiden, wenn Marius und Sulla sich grausam befehden? oder dann, wenn die Stadt vor Catilina zittert? oder dann, wenn Cäsar das gesunkene Banner des Marius wieder erhebt und als zweiter und siegreicher Catilina den Rubico überschreitet, ein genialer, aber sittlich corrumpirter Abenteurer, der mitten zwischen seinen weltumstürzenden Unternehmungen schier ein volles Jahr in Egypten mit Cleopatra vertändelt? — Oder vielleicht später, unter den Triumvirn und Duumvirn, wenn Octavian und Antonius Rom mit ihren Proscriptionslisten beglücken, und Fulvia die Zunge des Cicero mit Nadeln durchbohrt? — Oder etwa nach dem definitiven Sieg des Cäsarismus, wo das julische Cölibats- und Orbitätsgesetz und die neuen Sclavenverordnungen uns die häusliche Zerrüttung der Optimaten in grellem Lichte zeigen, und Horaz in den Satyren und Episteln den Verfall altväterlicher Sitten beklagt (vgl. z. B. Epist. 1, 62 ff.), wie denn bald darauf Tacitus dem entarteten Römervolk das beschämende Beispiel barbarischer Germanen entgegenhält? — Oder vielleicht dann, wenn das Haus der Claudier zum Heil der Welt erloschen ist, und eine Reihe hochherziger Kaiser auftreten, aber Nichts eine Gewähr dafür bietet, daß nicht auf einen Titus ein Domitian, auf einen Marc Aurel ein Commodus mit gleicher Vollgewalt folgen werde; ja wo selbst die edelsten dieser Herrscher die Christenverfolgungen erneuen, die in blindem und ohnmächtigem Haß die alleinigen Keime einer bessern Zukunft zertreten wollen? — Oder vielleicht zur Zeit der classischen Jurisprudenz, wo Papinian und Ulpian hohen Ruhm gewinnen; aber ein Caracalla, indem er den Einen mordet, den Andern in die Verbannung schickt, zu den Märtyrern des Christenthums auch noch Märtyrer weltlicher Gerechtigkeit fügt? — Oder noch später, wo der entwürdigte Kaiserthron vollends zum Spielball prätorianischer Horden wird? — Oder vielleicht unter Diocletian, wo die Selbstzersällung des morschen Reiches beginnt, und der Despotismus die Bürger (jetzt nur noch „subjecti", Unterthanen, genannt), nicht einmal mehr eine Berufswahl gestattend, in ein Kastenwesen zwängt, während der Monarch als „Numen divinum" sich verehren läßt? — Oder endlich unter den Byzantinern, da Justinian, den die Geschichte den Großen nennt, das Haupt wieder mächtiger erhebt und mit der Wiedereroberung Italiens zugleich die Restauration des römischen Rechtes versucht; aber wo der Hof in theologische Händel sich mischt, den verdientesten Männern, einem Belisar und Narses, mit Undank lohnen zu dürfen glaubt, und die Spiele der Rennbahn draußen in ernsteren Kämpfen sich fortsetzen, so daß man tagelang in den Straßen mordet, und ein großer Theil der Hauptstadt in Flammen aufgeht? — Wer kann in dieser langen Kette von Elend und Verbrechen etwas Anderes als eine eindringliche Mahnung sehn, sich bei der Beurtheilung staatlicher Vollkommenheit nicht an den Maßstab großer und nachdauernder Machtentwicklung zu halten?

Bossuet sagt, wo er von den besseren Zeiten Roms und von den Eindrücken spricht, unter welchen dort schon die Kindheit sich bildete: „Das Einzige, wovon man reden hörte, war die Größe des römischen Namens." Er, der Franzose, begeistert sich in diesem Gedanken: wir Deutsche, wenn wir unserem besten Selbst treu bleiben wollen, können solche chauvinistische Hoffart, die, von Geschlecht auf Geschlecht verpflanzt, immer mächtiger wird, nur als verderbliches Laster verabscheuen.

So lange die Macht des Staates gering war, mochte die fanatische Gesinnung der wahren Bürgertugend sich ähnlich zeigen, und mit sympathischem Staunen hören wir von der heroischen Aufopferung des Einzelnen für die Rettung der Gemeinschaft. Aber sobald Rom die Oberhand gewonnen hatte, mußte sein eigentliches Wesen sich offenbaren (Soph. Antig. **175 ff.**); die grausamste Ungerechtigkeit gegen alle andern Nationen hat damals den Namen der Stadt für alle Zeiten geschändet.

Es empört sich unser Gefühl bei dem Chauvinismus der Franzosen; in der alten Geschichte Roms tritt er uns aber noch ungleich häßlicher entgegen. Der Unterschied ist der, daß wir heute ein Volk schauen, das, allseitig reich beanlagt, auch in den Bahnen der Wissenschaft und Kunst, wo jeder Sieg schließlich der Gesammtwelt zum Gewinne wird, den Ruhm des Vaterlandes sucht. Damals aber waltete ein traurig enger Sinn, der nur politische und vor Allem militärische Interessen kannte, und darum die Größe des Vaterlandes hauptsächlich durch Thaten verwirklichen wollte, welche die Minderung und den Ruin aller andern Völker bedeuteten.

Doch nicht bloß den fremden Staaten, auch dem eigenen wurde diese Beschränktheit der Römer verderblich; und wer in der Geschichte zu lesen Augen hat, der mag in der ihrigen geschrieben sehn, daß ultrirtes, einseitiges Interesse für Politik dem wahren politischen Interesse eines Volkes zuwiderläuft.

Wo, wie bei den Römern, alle höheren Bestrebungen in der Politik aufgehn, da ist es, zwar nicht moralisch, aber sehr natürlich, daß Jeder seinen Antheil an der politischen Gewalt nach Möglichkeit vergrößert. Daher die gerühmte Freiheitsliebe der Römer, die von Anfang an ebensowenig wie die Vaterlandsliebe durch rein ethische Motive bestimmt war. Und auch sie hat, dann und wann mit dem Schein des Edelsinnes bekleidet, anderwärts und allermeist in ihrer eigensüchtigen Niedrigkeit sich enthüllt. Die Patrizier waren Freiheitsmänner, wo es galt, die Könige zu vertreiben, aber nicht, wo es sich darum handelte, den bescheidensten Ansprüchen der Plebejer, mit denen sie im Namen der Freiheit das Königthum besiegt, gerecht zu werden. Und die Plebejer waren Freiheitsfreunde, wenn die Tribunen sie gegen die Patrizier führten, aber nicht, wenn es galt, den latinischen Brüdern oder den italischen Genossen die wohlverdienten bürgerlichen Rechte zuzugestehn. Und wie hat Rom die Provinzen behandelt! Sein Colonialsystem wird gepriesen; aber was waren die römischen Colonien Anderes als Zwingburgen, die zwar unter dem Gesichtspunkt gesicherter Eroberung, keineswegs aber unter humanpolitischem Gesichtspunkt unser Lob verdienen. Wer nur durch solche Mittel seine Eroberung zu behaupten weiß, der sollte sie überhaupt unterlassen. Ja, bis in's 3. Jahrhundert n. Chr. versagt Rom den Provinzen das volle Bürgerrecht, und da wird es ihnen von einem der schlechtesten Kaiser und nur aus dem niedrigsten Motiv habsüchtiger Selbstbereicherung ertheilt.

So sehen wir von Anfang an nicht eigentlich eine edle Freiheitsliebe die römische Welt beseelen, sondern durchaus nur eine egoistische Gier nach politischer Macht, die vor keiner Unbilligkeit zurückschreckt. Bei den größeren und kühneren Talenten aber artet das Streben nach möglichst erweiterter politischer Gewalt in eine Herrschsucht aus, welche, den Zwiespalt zwischen den Vornehmen und Niederen benützend, rücksichtslos ihr Ziel verfolgt und auch die systematischste Corruption von Volk und Heer nicht scheuet. Und so mußte denn die Zeit kommen, wo Rom mehr vor seinen eigenen Feldherren als einst vor einem Hannibal zu zittern hatte.

Neben der Herrschsucht war, bei dem Mangel edlerer Interessen, die Habsucht das, was die Vornehmen Roms mehr und mehr erfüllte; und die Eigenthumsordnung Roms bot ihr gegenüber der Gesellschaft keine ausreichende Hilfe. Unermeßlicher Reichthum strömte nach Italien; aber dies hinderte nicht, daß die Massen in tiefere und tiefere Armuth sanken. Der Staat verstand eben nicht im Allergeringsten die Kunst, die Segnungen des Wohlstandes auf alle Classen zu vertheilen, und in den Händen der Wenigen sah er ihn, zu deren eigenem Schaden, in rohestem und unnatürlichstem Luxus mißbraucht.

Ein besonderes Verderben wurden die massenhaften Sclaven. Sclavenbesitz scheint uns heute mit der wahren Ehrfurcht vor Freiheit und Menschenwürde überhaupt nicht wohl verträglich; dagegen konnte er dem minder verfeinerten Gefühl, wie es der Römer hatte, nicht anstößig sein. Ja die Sclaverei nahm in Rom die widerlichsten Formen an. Mancher Reiche hatte deren mehr als 8000: und schon dies mußte es unmöglich machen, daß, ähnlich wie zu Athen, zu Rom ein gemüthliches Verhältniß zwischen Herr und Knecht sich herstellte, geschweige daß der Römer die hohen philosophischen Gedanken, durch welche ein Aristoteles den Sclavenbesitz rechtfertigen wollte, zu verwirklichen gedacht hätte. Sclavenaufstände, wie die Geschichte keine ähnlichen verzeichnet, setzten ganz Italien in Schrecken und Verwirrung.

Und dies war nicht das einzige, noch auch das schlimmste öffentliche Unglück, das der Sclaverei entsprang.

Indem den Sclaven nicht blos Kunst und Handwerk, sondern mehr und mehr auch der Ackerbau des unermeßlich wachsenden Groß= grundbesitzes zufiel, wurde dies eine der wesentlichsten Ursachen der Verarmung des einfachen freien Mannes.

Und zu welchem Grad sittlicher Verkommenheit sanken nicht die Unglücklichen selbst in solcher Knechtschaft hinab! Es kam dahin, daß ihre Freilassung mehr noch als ihre empörendste Mißhandlung das Gemeinwesen gefährdete. Nicht edler Menschensinn, sondern einzig ein prahlerisches Verlangen nach mächtigem Clientenschwarm pflegte dazu zu führen; und so sichtlich vergiftete ihre Einmischung die Masse der Bürger, daß man schon unter Augustus zu strengen Beschränkungen griff, um diese Quelle vielen Unheils zu verstopfen.

An eine pädagogisch=sittliche Fürsorge von Seiten des Staates wurde auch da von keinem Politiker gedacht; sie wäre ein crimen laesae majestatis gegen die geheiligte Hoheit des pater familias gewesen.

Die Culturgeschichte des römischen Reichs zeigt — wie es vielleicht einmal bezüglich Rußlands gesagt werden wird — nur zwei Perioden, die von rauher Barbarei und die von importirter s. g. Uebercultur, d. h. einer Cultur, die schon mit allen Culturkrankheiten behaftet war, und die zudem, mehr äußerlich angenommen als innerlich eigen gemacht, die alte Rohheit des Volkes wesentlich bestehen ließ. Man denke hier nur an die brutale Hoffart der Triumphzüge und die Unmenschlichkeit der Gladiatorenspiele, und wie über solcherlei Genüsse selbst ein Cicero (Epist. 126, ad M. Marium) sich, zwar mit blasirter Gleichgiltigkeit, aber ohne jede ethische Entrüstung äußert. So weiß er auch in der Rede gegen Verres nicht an das Mitgefühl für die grausamste Mißhandlung eines Menschen, sondern nur eines römischen Bürgers zu appelliren.

Unsere Rechtsgelehrten sagen, daß die Römer den Begriff des Rechts von dem des ethisch Guten losgelöst hätten (Bluntschli, „Recht, Rechtsbegriff" in seinem Staatswörterbuch, VIII, S. 490; vgl. auch das Vorausgehende). Dem entspricht es, wenn in der Geschichte ihr Staat von der wahren Tugend entblößt erscheint. Aber seine Geschichte zeigt auch, wie verkehrt es ist, in dieser Loslösung, wie zu meinem Staunen gewisse Juristen es thun, einen Fortschritt, statt eines verderblichen Irrthums im Principe selbst, erblicken zu wollen.

Wie wesentliche Dienste übrigens dieses unmoralische Römerreich der Moral und der auf Moral gegründeten Politik zu leisten vermochte, habe ich schon in meinem „Ursprung sittlicher Erkenntniß" hervorgehoben und bekenne heute noch so wie damals meine Ueberzeugung von ihrer vollen Größe. (Vgl. auch Domat, Traité des Lois ch. 9, Oeuvres, nouv. édit. Paris 1835, I, 26.)

Nicht ohne guten Schein wird nach alledem nun wohl Einer sagen: Du beschuldigst die Politik Roms, könnte man nicht ähnliche Anklagen, mehr minder, gegen jedes Staatswesen, von dem die

Geschichte weiß, erheben? — Aber wenn dem so ist, was folgt daraus Anderes, als daß es überhaupt bis jetzt eine politische Wissenschaft nicht gibt, die ihrer hohen Aufgabe gewachsen wäre? Sie ist, wie auch andere Zweige der Geisteswissenschaft, wegen besonderer Schwierigkeiten (vgl. Exner, a. a. O. S. 35), im Vergleich mit den Naturwissenschaften sehr beträchtlich zurückgeblieben, und wird ihnen auch nie würdig zur Seite stehen, ehe sie (wozu erst in der neuesten Zeit die Hoffnung vorhanden ist), unter Benützung der dort gegebenen großen Vorbilder, sich die Methode des richtigen Verfahrens anzueignen vermocht hat. Die Nationalökonomie steht noch fast in der Kindheit; und wie könnte man da glauben, daß die andern Theile der Staatswissenschaft bereits zu so gereifter Vollkommenheit gediehen seien, um wahrhaft entsprechend das gesellschaftliche Leben zu ordnen? — Nein, mit der politischen Oekonomie fallen auch die andern socialen Wissenszweige wesentlich noch ganz in's Bereich der Zukunft. (Vgl. m. Psychol. v. empir. Standpunkt, I, S. 26 ff.)

8. Zu S. 35, 1. Exner macht S. 48 auf die Etymologie des Wortes „civilisirt" aufmerksam; es komme von „civis". d. i. „römischer Bürger", und so liege darin eine gerechte Anerkennung der Culturverdienste der Römer. „Civilisation," sagt er, „deutet mit Grund auf eine gewisse Zugehörigkeit zum Bannkreis der politischen Gedanken und der juristischen Begriffe Roms." — Ich kann dies nicht zugeben, da wir den Ausdruck auch auf vorrömische gesittete Völker, wie Griechen und Egypter, anzuwenden pflegen. Wenn irgend etwas, so könnte man aus ihm die Sterilität des Römerthums auf allen geistigen Gebieten außer dem des politischen Lebens herauslesen; denn durch diese wird es nur zu sehr begreiflich, warum der Römer den Unterschied der Cultur von der Barbarei wesentlichst als einen politischen faßte. Bei der Nachwirkung römischer Sprache in der modernen Namengebung lebt dieses Erinnerungszeichen an die relative Unfähigkeit des römischen Gemeinwesens zur Entfaltung allseitigen Geisteslebens nun auf ewig fort.

9. Zu S. 36, 2. Kaum jemals hat ein hervorragender Jurist den Code Napoléon härter gerichtet, als Savigny im Jahre 1814 (vom Ber. unf. Zeit f. Gesetzgebung) es gethan, und überhaupt hat er hier die französischen Juristen am Ende des 18. Jahrhunderts überaus abfällig beurtheilt. Dies stimmt mit Exner's geringschätzigen Worten gar wohl zusammen. Aber schon im Jahre 1828 drängten den edlen Mann sein Gerechtigkeitssinn und seine Wahrheitsliebe zu förmlichem Widerruf. Ohne für den Code Napoléon größere Sympathien zu zeigen, erklärt er doch in der Vorrede zur 2. Auflage sein „Totalurtheil" über die französischen Juristen der letzteren Zeiten für „völlig einseitig und ungerecht". „Die Ursache dieser Einseitigkeit," fügt er bei, „lag theils in der aufgeregten Stimmung gegen diese Nachbarn, die in jenem Zeitpunkt so natürlich war, theils in meiner unvollständigen Kenntniß ihrer Literatur, und ich benütze gerne diese Gelegenheit, jenes zugefügte Unrecht durch ein offenes Bekenntniß gut zu machen." Interessant ist, daß Savigny in der weiteren Ausführung im Besonderen auf Schriften des Grafen Ph. Ant. v. Merlin mit hohem Lob zu sprechen kommt, welche „wahre Muster gründlicher, scharfsinniger, geschmackvoller Behandlung von Rechtsfällen" seien. Es ist dies derselbe Merlin, der 1794 Präsident des Nationalconvents wurde und es bis zu dessen Ende verblieb. Noch am Tage vor seiner Auflösung legte er dem Convent einen Codex der Verbrechen und Strafen vor, welcher, von der Versammlung angenommen, bis 1811 in gesetzlicher Kraft bestand. Wie viel in der Anerkennung liegt, die Savigny ihm hier als Juristen spendet, erkennt man noch besser, wenn man vergleicht, wie der berühmte Rechtslehrer (ebend., 3. Aufl., S. 126 f.) über die Beziehungen von Theorie und Praxis urtheilt.

10. Zu S. 36, 4. Es ist richtig, daß das 18. Jahrhundert in politische Irrthümer fiel, die weder das 17. Jahrhundert, noch auch frühere Jahrhunderte gekannt hatten; den Radicalismus Rousseau's werde ich nicht vertheidigen. Aber wenn sein Princip der Volks=

souveränität verwerflich erscheint, war vielleicht die politische Grund=
anschauung des Hobbes in seinem Leviathan und die der Juristen
des 16. Jahrhunderts mit ihrem „cujus regio, illius religio"
weniger zu verdammen? Oder war etwa die politische Lehre, mit
welcher im 14. Jahrhundert Huß bei den Massen das mächtigste
Echo fand, aufgeklärter und eher praktisch durchführbar: eine Lehre,
nach der eine im verborgensten Dunkel begangene Todsünde jeden
staatlichen und kirchlichen Beamten, den Kaiser und Papst mitin=
begriffen, de lege lata seiner weltlichen oder geistlichen Autorität
entkleiden und alle seine Acte der Rechtsgiltigkeit berauben sollte?

Zudem vermisse ich bei Exner eine, wie mir scheint, sehr
wesentliche Unterscheidung: nämlich die zwischen der Richtigkeit poli=
tischer Ansichten und der Höhe politischer Bildung. Pascal hat in
einer seiner Pensées (Raisons de quelques opinions du peuple)
und öfter den Gedanken durchzuführen gesucht, daß die Ansichten
des Ungebildeten vom Halbgebildeten verworfen, vom Ganzgebildeten
aber vielfach wieder aufgenommen würden; freilich mit dem Unter=
schied, daß dieser nun einsieht, wofür jener keinerlei logische Recht=
fertigung besaß. Auch viele Andere haben Aehnliches bemerkt, und
es ist so geradezu sprichwörtlich geworden, daß die Halbwisser unter
Allen die schlimmsten seien. Pascal achtete besonders gerade auf
moralisch=politische Fragen; Andere haben den Satz auf anderen
Gebieten bewährt. Bekannt ist der Ausspruch des Kanzlers Bacon,
daß das halbe Wissen von Gott ab, das ganze wieder zu ihm hin=
führe. Und wenn einer hier mit der Zustimmung zögern sollte, so
wird er doch wahrscheinlich sofort zugeben, daß der Skepticismus
Hume's, welcher der ganzen empirischen Wissenschaft den Boden
entzieht, eine Verirrung war und in den althergebrachten Ueber=
zeugungen die richtige Ansicht bekämpfte. Aber der Irrthum in
dieser so wesentlichen Frage war durchaus nicht die Folge eines
Rückschrittes philosophischer Bildung, vielmehr ein Zeichen vor=
schreitender Forschung, die sich hier durch Irrthum den Weg
zur Erkenntniß brach, wo frühere Zeiten zwar allerdings die

Wahrheit (wenigstens annähernd), aber nur in blindem Glauben besessen hatten.

11. Zu S. 38, 1. Was das römische Recht anlangt, so scheint Exner dem Vorwurf eines Widerspruches Raum zu geben, den man auch schon bei älteren Romanisten historischer Schule rügen wollte. Einerseits leugnet er, daß es politische Regeln gebe, die von absoluter Geltung und darum über Raum und Zeit erhaben sind (S 50), andererseits glaubt er, daß sein geliebtes römisches Recht trotz allem Wechsel der nationalen Charaktere und der wissenschaftlichen und religiösen Anschauungen, und trotz den tiefgreifenden Veränderungen, welche Industrie und Handel in dem Völkerleben geschaffen, heute so wie zur Zeit der Römer selbst über die ganze gebildete Welt segensreich seine Herrschaft behaupte (S. 48). Es scheint, als ob der Satz, daß auf politischem Gebiet kein Gesetz auf absolute Geltung Anspruch habe, auch auf diesen Satz selbst angewandt werden, und so dem römischen Recht eine Art Ausnahmsstellung ermöglicht werden solle.

Doch schon Savigny hat, zum Staunen von Schülern wie Gegnern, vielfach sogar solche Institute des römischen Rechts für überlebt erklärt, deren Geltung selbst die rationalistische Schule nicht angefochten hatte. Exner ist sicher derselben Ueberzeugung, die nur durch die rhetorische Färbung der Stelle unkenntlich wird.

12. Zu S. 40, 2. Es soll und darf hier nicht geleugnet werden, daß die öffentliche Meinung, die augenblicklich mehr und mehr zur Anwendung naturwissenschaftlicher Methode auf geistigem Gebiete ermuntert, hier oft zu wahren wissenschaftlichen Vergehen und Verbrechen Anlaß gibt. Gerade der Anhänger solcher Forschungsweise hat am meisten Grund, dies zu beklagen; die Fehler rächen sich nicht blos, früher oder später, an dem, der sie beging, sondern die Methode selbst läuft, wie gelegentlich schon Helmholtz klagte, Gefahr, durch sie compromittirt zu werden.

Ich will hier mehrere Classen solcher Verkehrtheit namhaft machen:

1. **Der Fall naturwissenschaftlicher Schminke.** Man gibt sich äußerlich den Anschein, als ob man nach naturwissenschaftlicher Methode vorgehe, während innerlich aller Ernst fehlt. Es gibt Gimpel genug, die man mit ein paar Redensarten und „angenehmen Holzschnitten" (um Lotze's Ausdruck zu gebrauchen) fangen kann.

2. **Der Fall des Wechselbalgs.** Man bringt unter geisteswissenschaftlichem Titel größtentheils nur Excerpte aus naturwissenschaftlichen Disciplinen. Das magere Hühnchen mit dem Gefüllsel scheint ein ganz ansehnlich fetter Braten geworden. Aber natürlich ist die Geisteswissenschaft damit um keine einzige Entdeckung bereichert; ja die Untersuchungen, welche die allerwesentlichsten sind, werden nun oft völlig sistirt. So ist es in der Psychologie durch eingelegte Wiederholungen aus den Handbüchern der Physiologie ergangen, wobei zudem gesagt werden muß, daß für die betreffenden Fragen diese Handbücher die weitaus besseren Rathgeber bleiben.

Der Fall ist auch noch in anderer Weise gegeben. Wenn es sich auf geisteswissenschaftlichem Gebiet, wie z. B. in Logik, Ethik und Aesthetik, um Gesetze im Sinne eines Gebotes handelt, so substituiren Manche (vgl. für die Aesthetik z. B. Scherer's Poetik) der Frage nach einem Soll die Frage nach einem Muß, und meinen, nur so naturwissenschaftlich correct zu verfahren, weil weder die Geometrie fragt, ob die Summe der Winkel eines Dreieckes zwei Rechten gleich sein *sollen* (sondern nur, ob sie es allgemein und nothwendig wirklich sind), noch auch die Mechanik, Elektricitätslehre, Chemie u. s. w. je nach einem Gesetze in anderem Sinn als dem einer allgemeingiltigen Thatsache forscht.

Wenn Exner (S. 45) „eine blühende Criminalistenschule Italiens" mit Recht beschuldigen sollte, daß sie „die Strafrechtswissenschaft in Psychiatrie auflöse", so wäre hier der Fall eines solchen Quidproquo in weitestem Umfange verwirklicht.

3. **Der Fall dilettantischen Uebergriffes eines Naturforschers in geistige Gebiete.** Solche erfolgen oft mit großem Leichtsinn und Uebermuth. Ein Naturforscher, der, auf seinem eigensten Feld arbeitend, mit aller gebotenen Umsicht vorgeht, erlaubt sich manchmal auf einem Geistesgebiet in der frivolsten Weise abzusprechen. Es ist, als ob er, die Grenze überschreitend, plötzlich ein anderer Mensch geworden wäre und seinen ganzen, durch wissenschaftliche Uebung wohldisciplinirten Charakter verloren hätte. Das Vertrauen auf die naturwissenschaftliche Methode verkehrt sich bei ihm in gewisser Weise in ein Vertrauen auf sich selbst. Jeder Einfall wird ihm zur gesicherten These. Er unterläßt es, ihn durch ein leicht mögliches Experiment oder durch den Vergleich mit einer schon beobachteten und allbekannten Thatsache zu controliren, ja er beugt die Thatsachen seiner Theorie, statt diese gehorsam ihnen zu unterwerfen. Mit ihm selbst leben aber dann immer auch noch etliche Andere in dem Wahn, daß er, der Mann der Naturwissenschaft, jedenfalls auch hier nach naturwissenschaftlicher Methode verfahre, und daß keiner der Fachmänner, auch wenn sie das sorgfältigste Studium daran wenden, dies mit ähnlicher Vollkommenheit vermöge.

Der Trugschluß ist von vornherein recht scheinbar, und Jeder, den die Erfahrung nicht gewitzigt hat, mag sich etwas zu ihm geneigt fühlen; wenn er sich aber dann, einmal um das anderemal, getäuscht findet, wird er sich vielleicht mit Staunen nach dem Grund einer so häufig wiederkehrenden Erscheinung fragen.

Gewiß darf dieser nicht ausschließlich darin gesucht werden, daß die Beobachtung auf besonderem Gebiete besonderes Talent erheische, und darum die auf einem Feld glänzend bewährte Begabung auf einem anderen oft ganz und gar versage. So richtig dieses an und für sich sein mag, so wenig kann es doch bei einem Phänomen, wie es uns hier vorliegt, zur Erklärung ausreichen.

Sollen wir vielleicht sagen, daß das Herz eines solchen Naturforschers gewissermaßen schon anderwärts vergeben sei, und er darum die Geistesfragen nicht mit gleicher Liebesmühe umwerbe, während diese doch nicht minder spröde sind? — Oder sollen wir den Grund darin vermuthen, daß der Naturforscher auf dem Geistesgebiet sich dem scharfen Auge seiner Zunftgenossen entrückt und überhaupt, vor einem überwiegend urtheilslosen Publicum, unter weniger strenger Controle fühlt und nun auch einmal in frei ausschweifender Bewegung sein Müthchen büßen möchte? (Lavoisier weist am Beispiel der raschen kindlichen Entwicklung nach, wie förderlich es sei, wenn jeder Fehltritt sofort und empfindlich sich strafe.) — Oder erklärt sich uns der Fall daraus, daß die Gewöhnung am meisten unter ähnlichen Verhältnissen wirkt, und darum die alten guten Gewohnheiten eines Forschers, die, so lange er auf dem heimischen Gebiete weilte, ihm treulich dienten, auf dem fremden Boden ihn plötzlich verlassen? — Oder haben wir die Erscheinung darauf zurückzuführen, daß der Forscher gewisse Schwierigkeiten, mit denen er anderwärts zu kämpfen hatte, hier entfallen sah, und nun vertrauensselig Alles leicht nimmt, ohne etwas von den besonderen Mißlichkeiten und Gefahren des neuen Gebietes zu ahnen? — Oder ist der Grund seines Abfalles von sich selbst darin zu erkennen, daß die philosophischen Fragen so viel und so lange gewissenlos und schwindelhaft behandelt worden sind, und Derjenige, der das Geistesgebiet als Fremdling betritt, leicht und unvermerkt etwas von den lockeren Sitten des schönen Landes annimmt? — Alles dies und noch manches Andere mag, das Eine öfter, das Andere minder oft, und nicht selten Mehreres davon zugleich, als Ursache betheiligt gewesen sein. Insbesondere aber spielt gewiß auch oft ein Fehler hinein, wie wir sie an nächster Stelle besprechen werden.

4. Der Fall von logischer Unkenntniß. Es bekennt sich Einer in ehrlichem Glauben zur naturwissenschaftlichen Methode und will nach ihr verfahren; aber, da er sie nicht genugsam kennt, so entspricht seinem Wollen nicht sein Können.

Wir führten in dem Vortrage aus, daß der in naturwissenschaftlicher Weise Forschende sich dem Gegenstand anpasse. Mit einer vagen, allgemeinen Vorstellung von naturwissenschaftlich-empirischem Verfahren ist es also nicht gethan.

Auch gibt es Leute, die sich niemals die Theorie der inductiven Forschung explicite zum Bewußtsein zu bringen suchten. Sie hantiren aber, von einem Fachmann praktisch zu guten Gewohnheiten geführt, nicht ohne Geschick und Erfolg auf einem gewissen, engen Gebiete. Nun betreten sie ein anderes und wenden hier ein Verfahren an, welches zwar ihrem Drill entspricht, aber von der Logik der Forschung, wie sie nur in dem Ganzen der Naturwissenschaft anschaulich verwirklicht ist, entschieden mißbilligt werden muß. Im Vortrage haben wir diesen Fall bereits etwas erläutert.

Ein hierhergehöriger, besonders häufiger Fehler ist es, wenn Einer die Forschung nach Analogie der Naturforschung mit einer Forschung verwechselt, welche auf dem Studium derselben Classe von Phänomenen beruhe, wie die Erforschung der Natur; wie denn z. B. Manche so thöricht sind, nur auf Erscheinungen des Sehens, Hörens, Tastens, nicht aber auf Erscheinungen der s. g. inneren Wahrnehmung, wie Urtheilen, Vorziehen, psychologisch sich stützen zu wollen.

Eine weitere Verkehrtheit, die damit zusammenhängt, ist das Hysteron=Proteron, welches man begeht, indem man die Genesis psychischer Erscheinungen begreifen will, ohne sie an und für sich noch ordentlich betrachtet und beschrieben zu haben; es ist dies, wie wenn einer die Physiologie ohne anatomische Vorstudien betreiben zu können glaubte. Trotzdem pflegen gerade Naturforscher häufig in diesen Fehler zu fallen, weil bei der Analyse psychischer Erscheinungen in ihre Elemente weniger als bei der genetischen Psychologie mit dem Seciermesser gearbeitet werden kann.

5. Der Fall des Uebersehens der Grenze zwischen lehrmäßigem Wissen und wissenschaftlichem und künstlerischem Takt.

Pascal sagt, die wahre Dichtkunst spotte der Dichtkunst, die wahre Beredtsamkeit spotte der Beredtsamkeit, die wahre Moral spotte der Moral; und über Bismarck hörte ich deutsche Professoren der Staatswissenschaften Klage führen, daß er von der Staatswissenschaft verächtlich rede. Ja Pascal sagt, noch weiter greifend und das ganze Geistesgebiet umfassend: „se moquer de la philosophie c'est vraiment philosopher." Dies hindert ihn aber nicht, in einer seiner Abhandlung „Ueber die Kunst zu überzeugen" selbst einige logische Regeln aufzustellen; und so sind überhaupt solche Aussprüche immer cum grano salis zu nehmen. Es wäre eine grundverkehrte Meinung, wenn man aller Geisteswissenschaft, oder auch nur aller praktischen Geisteswissenschaft und ihren Regeln den Werth absprechen wollte. Gewiß kann und soll es eine Ethik, gewiß kann und soll es eine Logik und insbesondere auch eine Logik der Forschung geben. Aber dennoch werden ihre Regeln immer viel zu wünschen übrig lassen, was der Takt ersetzen muß. Und wenn Solches auf praktischem, wie sollte es dann nicht ähnlich auf theoretischem Gebiete gelten? Es lerne einer der Psychologie so viel er wolle, er wird dadurch nimmer ein Menschenkenner werden, wie Darwin ihn uns in der Person seines Vaters schildert, wenn er nicht auch dessen wunderbar sicheren psychologischen Takt sich eigen machen kann. Wer glaubt, bei naturwissenschaftlicher Methode bestehe jene Grenze nicht mehr, die, nach Pascal, nur der „esprit fin" überschreitet; sie könne den „esprit géométrique" umumschränkt zum Herrn des Ganzen machen, der wird dadurch nur zu Thorheiten geführt, die ihn selbst und vielleicht auch seine naturwissenschaftliche Methode in den Augen Anderer herabsetzen werden.

Der gedankenreiche und verdienstvolle Fechner hat uns ein Werk geschenkt, welches nach naturwissenschaftlicher Methode ästhetische Fragen behandeln will. Er nannte es „Vorschule der Aesthetik". Kein Künstler oder Kunstkritiker wird durch dieses Buch (das übrigens des Verfassers völlig würdig ist) wesentlich gefördert werden. Wenn aber Einer dieser Elementarschule in ähnlichem Geist eine ästhetische Mittelschule und Hochschule folgen lassen wollte (und wenn er sich auch nicht dahin verstiege, aus der Combination sämmtlicher ästhetischer Urelemente das schlechthin schönste unter allen möglichen Gemälden und die schlechthin vollkommenste unter allen möglichen musikalischen oder poetischen Compositionen herauszurechnen), so würde sich etwas ergeben, worüber nicht blos ein Pascal, sondern wohl Jeder, der sich einigermaßen auf Kunst versteht, nur lächeln könnte.

Diese Bemerkungen, hoffe ich, werden es verhüten, daß mein Auftreten für die wahre naturwissenschaftliche Methode mit einer Befürwortung alles solchen Mißverhaltens verwechselt werde. Exner konnte dasselbe nicht schärfer verdammen, als ich selbst es thue.

Inhalt der Anmerkungen.

	Seite
1. Zu S. 9, 1. Anormale Lage der Philosophie an der Wiener Universität	47
2. Zu S. 18, 1. Die katholische Kirche und die altrömischen Traditionen	48
3. Zu S. 18, 3. Die „Verjüngung" der alten Welt durch die Römer	49
4. Zu S. 19, 1. Die „Genialität" der Römer bei der Ausbildung ihres Rechts	49
5. Zu S. 20, 1. Fechner über den „Culturkampf"	55
6. Zu S. 20, 3. Die Einführung philosophischer Moral an der französischen Volksschule	56
7. Zu S. 34, 2. Der römische Staat kein Musterstaat	58
8. Zu S. 35, 1. Der Ausdruck „civilisirt"	65
9. Zu S. 36, 2. Savigny über die französischen Juristen am Ausgang des 18. Jahrhunderts	66
10. Zu S. 36, 4. Die politische Bildung des 18. Jahrhunderts im Vergleich mit früheren. Unterscheidung zwischen Richtigkeit politischer Ansichten und Höhe politischer Bildung	66
11. Zu S. 38, 1. Die Leugnung absolut giltiger Gesetze und die Behauptung der allgemeinen Anwendbarkeit des römischen Rechts	68
12. Zu S. 40, 2. Von den Auswüchsen, zu welchen die öffentliche Meinung zu Gunsten naturwissenschaftlicher Methode auf dem Geistesgebiete Anlaß gibt	68